कहे लतीफ़

कहे लतीफ़

शाह अब्दुल लतीफ़

अनुवाद
रीटा कोठारी

वाणी प्रकाशन

प्रकाशन के उत्कृष्टतम 62 वर्ष

vaniprakashan.com

पेपरबैक पहला संस्करण : 2025

वाणी प्रकाशन

4695, 21-ए, दरियागंज, नयी दिल्ली-110 002

फ़ोन : + 91 11 23273167, 23275710

शाखाएँ

अशोक राजपथ, पटना-800 004, बिहार

कॉफ़ी हाउस कैम्पस, महात्मा गांधी मार्ग, प्रयागराज-211 001, उत्तर प्रदेश

महात्मा गांधी अन्तरराष्ट्रीय हिन्दी विश्वविद्यालय, वर्धा-2 001, महाराष्ट्र

sales@vaniprakashan.in
vaniprakashan@gmail.com

Kahe Latif
by Shah Abdul Latif
Translated by Rita Kothari

ISBN : 978-93-6944-087-0
Poetry Collection

मूल्य : ₹ 395

सिटी प्रैस, दिल्ली-110 095 में मुद्रित

वाणी प्रकाशन का लोगो मक़बूल फ़िदा हुसैन की कूची से

दो शब्द

सिन्ध के सूफ़ी सन्त-कवि शाह अब्दुल लतीफ़ के बारे में कुछ ही हिन्दुस्तानी जानते हैं। मुझे हमेशा इस बात का ताज्जुब होता है कि जो इन्सान सिन्ध, कच्छ, बलोचिस्तान और सम्पूर्ण पाकिस्तान में इतना जाना-माना हो, वह हिन्दुस्तान में क्यों अब तक अजनबी है। यह ज़रूर है कि पिछले कुछ सालों से भक्ति और सूफ़ी कविता पर लिखने वालों में हमें शाह अब्दुल लतीफ़ का ज़िक्र मिलने लगा है। परन्तु शाह के 'रिसालो' की विस्तृत जानकारी और उसकी कविता से अधिकांश पाठक वंचित रहे हैं। 50 साल पहले श्री मणिशंकर द्विवेदी ने शाह के चुनिन्दा बैत (कविताएँ) हिन्दी में अनूदित किये थे। किन्तु यह अनुवाद वफ़ादार होने के बावजूद मुँह-ज़बानी बैठने में सफल नहीं हुआ। यह कविता के तौर पर नहीं किया गया। गद्य में इसका सीधा सटीक अनुवाद हुआ है। वैसे भी यह किताब समय के साथ विलीन सी हो गयी है। यूँ शाह के रिसालो के अंग्रेज़ी में बेशुमार अनुवाद हुए हैं; कुछ सिन्धियों ने किये हैं और कुछ फ्रेंच, जर्मन और अंग्रेज़ी चाहनेवालों ने किये हैं। बोलचाल की हिन्दी में और कविता के लहजे में यह शायद पहला अनुवाद है जिसे पेश करते हुए मुझे बेहद ख़ुशी हो रही है। इसे धृष्टता मानिये या क़ौम की एक सभ्य होने का फ़र्ज़ समझिये, किन्तु इस मक़ाम पर पहुँचते मुझे क़रीब 20 साल लग गये। शाह के साथ रिश्ता बाँधना एक बात है; रिसालो को क़रीबी तौर से समझना और दूसरी ज़बान में बयाँ करना मेरे लिए आसान नहीं है। मुमकिन है कि मैं इन्साफ़ नहीं कर पायी। यह तमन्ना रखती हूँ कि मेरी चाह मेरी क्षमता को छिपा देगी, और अगर शाह सा'ब की तरफ़ इश्क़ और चाह न लायें तो क्या लायें। यही तो है उनका मक़सद–बेहद इश्क़, जो बेख़ुदी और बेचैनी पैदा करे, जो पीड़ा में सुख समझे, जो

दुनिया और दुनियादारी से दूर अपनी रूह की एक सृष्टि बनाये। उस सृष्टि की एक झलक मुझे नसीब हुई। हो सकता है ये अनुवाद आपको भी झलक दिखला दे। गर ये होता है, मैं अपनी मेहनत सफल समझूँगी।

रीटा कोठारी
2025

अनुक्रम

परिचय

शाह का रिसालो वहदत की सोच, इश्क़ का जुनून और फ़ना होने की प्रेरणा से बनी कविता है, जिसे शाह अब्दुल लतीफ़ ने 30 सुरों में पेश किया है। हर एक सुर में कई दास्ताँ हैं। रिसालो से बेशुमार गीत बने हैं जो अमीर-ग़रीब, हिन्दू-मुसलमान, और सिन्ध, बलोचिस्तान में बसने वाली तमाम पिछड़ी हुई जातियों के लोग भी गाते हैं। सिन्धी होने का मतलब है 'शाह जो रिसालो' से वाक़फ़ियत और अगर आपको शाह के 'मेटाफर्स' नहीं मालूम, आप सिन्धी होने की कई बुनियादी बातों को नहीं समझ पायेंगे। ये परिचय लिखते वक़्त भी 'कोक स्टूडियो पाकिस्तान' के नये गाने ने धूम मचा दी है जिसमें शाह के रिसालो की पंक्तियाँ हैं। मुझे याद है क़रीब पच्चीस साल पहले जब मैं पहली बार आदिपुर, कच्छ गयी थी तो इंस्टीट्यूट ऑफ़ सिन्धोलॉजी के कई सभ्य जिस कॉलोनी में रह रहे थे, उसका नाम था मलीर। उमर-मारुई की दास्तान में मारुई अपने देश मलीर जाने को तरसती है। हिन्दुस्तान में बसे सिन्धियों के लिए उनका सिन्ध एक मलीर है जिसे वो बँटवारे के वक़्त छोड़ आये। जब मैंने इस बात को समझा मुझे ये अहसास हुआ कि अपने माज़ी की ओर जाने का पर्याय शाह का रिसालो है और मैं उससे बेख़बर नहीं रह सकती। मेरे भाई-बहन सिन्धी स्कूल में रिसाले के बैत पढ़ते थे, लेकिन अंग्रेज़ी स्कूल में जाने से मैं इस विरासत से दूर थी। पिछले बीस सालों में मैंने इस माज़ी की ओर छोटे-छोटे क़दम लिए हैं। रिसालो है क्या और उसकी इतनी अहमियत और लोकप्रियता क्यों है?

'रिसालो' शाह अब्दुल लतीफ़ (1689-1752) का दीवान है जिसकी कल्पना साज़ और स्वर के बग़ैर करना मुश्किल है। सूफ़ी साहित्य का एक अमूल्य मोती है रिसालो जिसमें सिन्धी भाषा के तमाम बोलचाल के और आध्यात्मिक शब्दों और आकृतियों का इस्तेमाल किया गया है। इसकी उपज सूफ़ी विचारधारा से हुई है,

किन्तु ये सिन्ध की मिट्टी–उसकी लोक कहानियाँ, पेड़-पौधे, जंगल और जानवर–का आईना भी है। रिसालो का ये पहलू बहुत ही दिलचस्प है कि इसमें अठारहवीं सदी का सिन्ध दिखता है, पर ये हक़ीक़ी दुनिया की ओर भी इंगित करता है–मानो यहाँ रहना और न रहना दोनों मुमकिन और मुनासिब बात हों! शाह की ओर हम फिर लौटते हैं। पहले ये बता दें कि उनकी दार्शनिकता के पूर्वज कौन थे।

लाहौर के रहने वाले हज़रत दाता गंज बख़्श अली अल-हुजवीरी (990-1077), मुल्तान से ख़्वाजा फ़रीदुद्दीन गंजशकर (1173-1266), सेहवान शरीफ़ से लाल शाहबाज़ क़लन्दर (1177-1274) और बहावलपुर से बुल्ले शाह (1680-1757) उनमें से कुछ थे। मैंने चुन कर सिर्फ़ वही नाम दिये हैं जो शख़्स शाह लतीफ़ की भौतिक दुनिया के आसपास थे। हालाँकि आध्यात्मिक दुनिया की कोई सीमा नहीं है। वहदत की अहमियतता को देखते हुए लगता है शाह लतीफ़ न सिर्फ़ सूफ़ियाना तसव्वुफ़ से प्रेरित थे पर शायद अद्वैत का भी असर उन पर था। इस बात पर मैं ज़रूर ज़ोर दूँगी कि शाह लोक कथाओं और सिन्धी (न कि फ़ारसी या अरबी) का इस्तेमाल करके अपने वक़्त के सूफ़ी कवियों से अलग बनते हैं। इस तरह से वैचारिक बोझ कहानियों के माध्यम से प्रासंगिक बन जाता है :

सुहिणी पहले सीखो शरीअत के सबक
रूहानी राह से तरीक़त का ज्ञान बड़ा मुश्किल
समझो हक़ीक़त की सच्चाई
मारिफ़त समझो, और समझो सूफ़ियों की मंज़िलें
हर आशिक़ का बनता है ये फ़र्ज़

आम लोगों में उनकी लोकप्रियता का यही कारण है। मैंने उनके बैत मालधारियों के मुँह से सुने हैं, जिनका पढ़ने-लिखने या अरबी-फ़ारसी से कोई नाता नहीं है। गुजरात और राजस्थान की सरहदों पर ससुइ-पुन्हूँ, उमर-मारुई की बातें यूँ होती हैं और शाह के लफ़्ज़ इतने मुँह-ज़बानी होते हैं मानो सदियाँ बीती ही नहीं।

यूँ तो सिन्ध पीरों और सूफ़ियों की धरती है, जिसमें न सिर्फ़ शाह पर उनसे पहले और उनके बाद भी कई सूफ़ि यों ने सिन्ध को सजाया-सँवारा और उसके इतिहास का अंग बने। सूफ़ियों और पीरों की वजह से ही सिन्ध का इस्लाम प्रगतिशील और न्यारा बना। हिन्दुओं को पीरों के साथ अपनापन महसूस हुआ और

कई हिन्दू विद्वानों ने सिन्ध की सूफ़ी प्रणालियों पर अभ्यास भी किया है। यूँ देखा जाये तो सिन्ध का हिन्दू धर्म भी हिन्दुस्तान के कुछ हिस्सों से काफ़ी अलग था– इसमें न सिर्फ़ पीरों को बल्कि सिक्ख गुरुओं को भी जगह दी गयी। ये और बात है कि इस तरह के समधर्मी चर्चे कई बार 'रोमांटिक' बन जाते हैं और अनकही दरारों पर पर्दा डालते हैं। इस सन्दर्भ में मैं मध्यम मार्ग अपनाती हूँ, यानी कि मैं सिन्ध में सूफ़ी विचारधारा को तटस्थता से स्वीकार करती हूँ परन्तु मैं ये नहीं मानती कि उसकी वजह से ज़ात-पात के भेदभाव वहाँ मिट गये थे। उनके स्वरूप शायद अन्य भारतीय प्रान्तों से अलग थे और उन्हें समझने में हमें वक़्त लगा है। बहरहाल, इस विषय की चर्चा कहीं और उचित होगी। बात को पूरी करते हुए मैं ये याद दिलाना चाहूँगी कि हिन्दुस्तान के बँटवारे के वक़्त जब आचार्य कृपलानी सिन्ध के दौरे पर गये और देखा कि पंजाब की तरह वहाँ दंगे-फ़साद नहीं थे तो उन्होंने इसका सबब वहाँ की सूफ़ी विचारधारा को माना।

शाह का जन्म सय्यद परिवार में हुआ था। कुछ पंक्तियों में आप 'कहे सय्यद' भी देखेंगे, हालाँकि अधिकांश पंक्तियों में उनका हस्ताक्षर 'कहे लतीफ़' या 'कहे अब्दुल्लतीफ़' है। ये कहा जाता है कि शाह किसी ख़ास सूफ़ी सिलसिले से जुड़े हुए नहीं थे। ये भी माना जाता है कि शाह की कोई औपचारिक ढंग से पढ़ाई नहीं हुई थी। यह मानना मुश्किल है कि शाह का रिसालो किसी अनपढ़ व्यक्ति की चमत्कारिक प्रतिभा है। अरबी, फ़ारसी, सराइकी, ब्रज-भाषा के जो असर रिसालो में दिखते हैं उससे शाह अनपढ़ तो नहीं, ख़ूब ज्ञानी नज़र आते हैं। ये हो सकता है शाह की पढ़ाई ज़िन्दगी से हुई हो। इतना तो विश्वास के साथ कहा जा सकता है कि शाह मुसाफ़िर थे और उनका लोगों से और भाँति-भाँति के प्रान्तों से आदान-प्रदान हुआ था। शाह के रिसाले में कई जगहों के नाम आते हैं, और उनके शब्द कच्छ, राजस्थान, सौराष्ट्र और बलोचिस्तान में सुनाई पड़ते हैं। शाह ज़रूर इन जगहों पर गये थे; कई विद्वानों ने शाह के भूगोल पर विस्तृत ढंग से काम किया है। ज़िन्दगी के आख़िरी दिनों में शाह हैदराबाद (सिन्ध) के पास भिट्ट नाम की जगह पर बसे थे। उस जगह को अब भिट्टशाह के नाम से जाना जाता है और शाह को शाह अब्दुल्लतीफ़ भिट्टाई के नाम से। शाह की मज़ार, यानी कि भिट्टशाह, उनके प्यारों के लिए तीर्थस्थान है जहाँ हिन्दू और मुसलमान बड़ी तादाद में जाते हैं। रिसाले से बने गीत वहाँ शाह के राग में गाये जाते हैं और शाह की मौखिक कविता (उनके बैत) यहीं से एकत्रित होकर 'गंज' के रूप में शाया हुई थी।

'शाह जो रिसालो' के अंग्रेज़ी अनुवादक क्रिस्टोफर शैकल का कहना है कि शाह की सबसे बड़ी प्रेरणा फ़ारसी कवि जलालुद्दीन रूमी (1207-1273) से आयी है। शाह फ़ारसी और अरबी भाषाओं में लिखी गयी सूफ़ी कविता और मसनवियों से परिचित थे। उन सब से गहरी बुनियाद क़ुरआन की थी। आप देखिएगा कि रिसालो खोलते ही अल-फ़ातिहा के शब्द सुनायी पड़ते हैं। इस वक़्त ये बताना ज़रूरी है कि जब-जब शाह क़ुरआन से प्रेरित होकर कुछ कहते हैं, उन पंक्तियों को मैंने ख़ुद अनूदित नहीं किया। बल्कि वे वाक्य हू-ब-हू 'पवित्र क़ुरआन : सुगम हिन्दी अनुवाद' (मौलाना मुहम्मद फ़ारूक़ ख़ाँ और डॉ. मुहम्मद अहमद) से लिए गये हैं। इस बात पर रिसाले के पहले दो बैतों को पढ़ें :

(1)

अव्वल अल्लाह–जो है सर्वज्ञ, सृष्टि का मालिक
क़ुदरत क़ायम उससे, सर्वश्रेष्ठ और शाश्वत
अद्वितीय, अनूठा–वहीद है वो, रब्ब रहीम
करो उसकी सराहना, उसी से जुड़ा और सजा जहाँ

(2)

जिन्होंने ईमान से कहा, *'वही मेरा रब है, और न कोई पूज्य प्रभु'*
अपनाया मुहम्मद को उन्होंने, सबब माना उसे संसार का
बढ़ी उनकी गरिमा, वह न हुए कभी गुमराह

ऊपर दिये गये उदाहरण में सूफ़ियाना विचारधारा की इस्लाम से उपजी हुई बुनियाद दिखती है। सुर कल्याण का अर्थ है सब का भला हो, सबका कल्याण हो। इसके बाद के सुर, यानी कि सुर यमन कल्याण में ईश्वर और भक्त के प्रेम को आशिक़ाना रंग दिया गया है। ईश्वर कभी हबीब हैं तो कभी साकी। इस सुर को राग यमन में गाया जाता है। वैसे सुरों की शुरुआत में उनके विषय का परिचय दिया गया है, किन्तु कुछ और बातें यहाँ करनी अनुचित न होंगी। रिसाले के विविध पहलू हैं–कहीं पर ईश्वर स्तुति है तो कहीं आशिक़ों का रुदन, कहीं नायक और नायिकाओं के मिलने का आनन्द और कहीं उनके बिछड़ने का विषाद। इश्क़ के मानवीय और आध्यात्मिक अर्थ जटिल और गहरे हैं। आप देखेंगे कि जब लोक कथा की नायिका ससुइ दर-ब-दर हो कर अपने पुन्हूँ को ढूँढ़ती है तो उसे पुन्हूँ

अपने आप में मिलता है :

हृदय से पहुँचो साजन तक
पाँव से पैदल करना बेकार
पहाड़ों में न ढूँढ़ो उसके निशान
ससुइ, चाल चलो रूहानी

अगर ससुइ घर छोड़ कर ईश्वर को पाती है तो मारुई घर को ईश्वर और अपना निज मानती है। ईश्वर असलियत में हैं, परन्तु कुछ को असलियत ढूँढ़ने चलना पड़ता है और कुछ अन्दर में डुबकी लगाते हैं। ये भी दिलचस्प बात है कि शाह सूफ़ी बनने की चेष्ठा अपनी नायिकाओं से करवाते हैं। शायद फ़ना होने का हौसला वे औरतों के स्वरूप में देखते हैं। लिंग की चंचलता रिसाले के कई नये अर्थ खोल देती है। मूमल और राणो की कहानी में यही चंचलता बौखलाहट भी पैदा करती है। मूमल अपने आशिक़ राणो के बिना नहीं रह पाती और अपनी बहन सूमल को राणो के कपड़े पहनवाकर साथ सुलाती है। इस तरह हर एक सुर दूसरों से निराला है। सुर कामोद में बिछड़ने का दुःख नहीं किन्तु मिलन का उत्सव है। मछुआरों की बेटी नूरी, जाम तमाची नाम के राजकुमार को पसन्द आ जाती है क्योंकि वह अपनी ग़रीबी, कपड़ों से उठती बू छिपाती नहीं। उसकी सहजता और सच्चाई उसे ईश्वर से मिलाती है। दूसरी ओर लीला-चनेसर की कहानी में लीला पति से दूर हो जाती है क्योंकि नवलखे हार के लालच में वह झूठ बोलती है। एक ओर इस तरह की लोक कथाओं द्वारा शाह ने आम लोगों को सूफ़ी विचारधारा समझायी, तो दूसरी ओर सुर रामकली और सुर खाहोड़ी में शाह ने नाथ योगियों के संन्यासी जीवन को आदर्श माना और उन सुरों को किसी प्रेम कथा से नहीं जोड़ा।

दूसरे दिन बैठ सुना बैरागियों का हाल
धूल मिट्टी से सने उनके कपड़े
जटाओं पर बाँधे टूटे हुए धागे
बेचारे अपने वजूद की बात न कहते किसी से
नंगे फ़क़ीर हैं निहाल, छिपे हुए लोक से

कहा जाता है कि शाह को पूछा जाता, आप शिया हैं या सुन्नी? शाह जवाब देते, "मैं दोनों के बीच हूँ।" "पर बीच में तो कुछ नहीं," किसी ने कहा और शाह ने जवाब दिया, "मैं कुछ नहीं हूँ।" ये बीच में होना ही शाह की ख़ासियत है–न

हिन्दू, न मुसलमान, न शिया, न सुन्नी। इसका ये मतलब नहीं कि शाह मज़हब से दूर हैं। जैसे मैंने पहले कहा था कि इस्लाम की बुनियाद हमें रिसाले में दिखती है। उसे नकारना व्यर्थ होगा, और उस ख़ूबसूरती को शाह के तसव्वुफ़ के साथ स्वीकारना होगा। इससे विशेष न कहूँगी। अब आप बैत पढ़िए, और जैसे शाह ने याद दिलाया है, इन्हें सिर्फ़ बैत न मानिये, ये आयत हैं :

> जिसे तुम शे'र समझते हो, वो है आयत
> ले जाती वो प्रीतम की ओर,
> मन की डोर पकड़ती

सुरों का संक्षिप्त वर्णन

सुर कल्याण

कल्याण का मतलब है सुख या शान्ति। इस सुर से मन को आनन्द मिलता है। ये शाम के वक़्त गाया जाता है। सुर कल्याण रिसाले का पहला सुर है और ये ईश्वर की प्रशंसा से शुरू होता है। शाह सरि झुका कर एकता की बात कर रहे हैं, आशिक़ों की शहादत को सराहते हैं, और माशूक़ के ज़ुल्म और रहम के बारे में लिखते हैं।

सुर यमन कल्याण

सुर कल्याण के बाद यमन कल्याण में आना है सुकून के बाद बेचैनी महसूस करना। जो ईश्वर के प्यार में दीवाना है, वो किसी मरीज़ से कम नहीं है। बीमारी और दर्द तो इश्क़ के दूसरे नाम हैं। ईश्वर हबीब भी है और तबीब भी। कभी वो बैद है तो कभी सितमगर जो दिल पर तीर लगा कर चला जाता है। इस सुर में ईश्वर और उसके दीवानों को कई उपमाएँ दी गयी हैं। इस सुर का महत्त्व ये भी है कि इसमें शाह सूफ़ी होने का मतलब कहते हैं।

> सूफ़ी कहलाओ ख़ुद को और करो ख़्वाहिशें?
> ये तो न हुई सूफ़ियों वाली बात
> काटो ये लम्बी सूफ़ी टोपी, उछालो आग में

सुर खम्भात

श्री कल्याण आडवाणी का कहना है कि इस सुर का मज़मून दो तरह का है : आशिक़ाना और अख़्लाक़ी। शाह अपने प्रिय (सिन्धी में पीरिं) की ख़ूबसूरती पर क़ायल हैं और वे चाँद से कहते हैं कि तुम्हारी पेशानी में वो चमक नहीं जो

मेरे प्रिय में है। यह एक तरह का गुच्छा है पदों का। दूसरा गुच्छा है जिसमें शाह इन्सानी मन, उसकी चंचलता और छिछोरेपन को ऊँट की उपमा देते हैं। ऊँट चन्दन और कस्तूरी छोड़ कर काँटों की तरफ़ जाता है। यह सुर रात के दस बजे के बाद गाया जाता है।

सुर श्रीराग

इस सुर में कई छवियाँ हैं जो हमें हिन्दुस्तान की विभिन्न भक्ति परम्पराओं की याद दिलाती हैं। नौका लेकर महासागर पार करना एक मिसाल है। जीना कैसे है और किस तरह से अपना ध्यान सिर्फ़ रूहानी मौज में रखना है इस सुर में देखने को मिलता है। यह सुर पिछले दो सुरों, कल्याण और यमन कल्याण, की तरह सुकून देता है। इसे भोर के वक़्त गाया जाता है।

सुर सामुंडी

सामुंडी का मतलब है जहाज़ी या नाविक। इस सुर में शाह सिन्ध के उस इतिहास की ओर संकेत कर रहे हैं जिसे आज हम 'ओशियन स्टडीज़' के नाम से जानते हैं। सिन्ध के बन्दरगाह से (हिन्दू) व्यापारी दूर-दूर तक व्यापार करने जाते थे। उनकी पत्नियाँ अकेली रह जातीं और अपने प्रियों को याद करते-करते जवानी गँवा देतीं। शाह उनके दुःख को समझ रहे हैं और एक बार फिर हक़ीक़ी और मिज़ाजी अर्थ युवतियों द्वारा दिये गये हैं। इस तरह के सुर शाह को निश्चित तौर पर सिन्ध के क्षेत्र का कवि दिखाते हैं।

सुर सुहिणी

सोहिनी-महिवाल की कहानी पंजाब की प्रसिद्ध लोक कथा है। सिन्ध में यही कहानी है लेकिन थोड़ा सा फ़र्क़ है। सिन्ध की कहानी में सुहिणी एक मालधारी परिवार की लड़की है और उसका प्रेम मेहार मालधारी से होता है जो सिन्धु नदी के दूसरे पार रहता है। सुहिणी अपने पति और ससुराल वालों से छिपकर मेहार से मिलने जाती है। शाह गहरे पानी की डरावनी छवियाँ दिखाते हैं और बताते हैं कि इश्क़ करना कोई सुहिणी से सीखे। घड़ा टूटने पर सुहिणी को राहत होती है क्योंकि अब समन्दर से वापस आने की कोई गुंजाइश नहीं। इस सुर में शाह ने सुहिणी के दीवानेपन को सूफ़ी रंग दिया है और इस सुर को रिसाले का बहुत ही महत्त्वपूर्ण सुर बनाया है।

ससुइ की कहानी : सुर ससुइ आबिरि, सुर मअज़ूरी, सुर देसी, सुर कोहियारी, सुर हुसैनी

कहा जाता है कि ससुइ शाह की सबसे प्रिय नायिका रही होगी। रिसाले में सबसे ज़्यादा जगह ससुइ को दी गयी है। ससुइ के पाँच सुर हैं और हर सुर की अपनी तीव्रता है। ससुइ और पुन्हूँ की कहानी सिन्ध में बहुत ही लोकप्रिय है, हालाँकि यह कहानी भी सिन्ध और पंजाब दोनों में पाई जाती है। ससुइ एक ब्राह्मण की लड़की थी जिसके बारे में एक धूमिल भविष्यवाणी थी कि वह अपने परिवार को बदनाम करेगी। ससुइ को उसके माँ-बाप ने छोड़ दिया और वह एक धोबी के घर बड़ी हुई। उसकी ख़ूबसूरती के कई चर्चे बने और बलोचिस्तान में रहने वाले पुन्हूँ के कान पड़े। पुन्हूँ आरी जाम का बेटा था और बलोचिस्तान में केच नाम की जगह में आरी जाम राज करते थे। इस हिसाब से पुन्हूँ ज़्यादा प्रतिष्ठित घर का लड़का था। इसलिए जब ससुइ और पुन्हूँ को प्यार हो जाता है और दोनों शादी कर लेते हैं, आरी जाम अपने अन्य बेटों को भेज कर पुन्हूँ को अगवा कर लेते हैं और उसे वापस बलोचिस्तान ले जाते हैं। इस कहानी में और भी पहलू हैं लेकिन हमारे लिए ये जानना ज़रूरी है कि जब ससुइ गहरी नींद में सो रही थी, पुन्हूँ चला जाता है। ससुइ फिर दर-ब-दर हो कर अपना शहर भंबोर छोड़ती है और पुन्हूँ को ढूँढ़ने बियाबानों से और पहाड़ों से गुज़रती है। ससुइ का दुःख, उसका विरह, उसकी तकलीफ़ें इन सुरों को बहुत 'ट्रैजिक' बनाते हैं।

सुर लीला चनेसर

राजा चनेसर सुमरा वंश से थे और देवल कोट पर उनका राज था। राजा पर कई राजकुमारियाँ फ़िदा थीं और शादी करने के सपने देखतीं। उनमें से कौनरु नाम की राजकुमारी विशेष थी। उसके दीवानेपन ने उसके पिता राणा खेंगार को भी मजबूर कर दिया। खेंगार ने अपनी बीवी और बेटी को राजा चनेसर के महल भेजा, जहाँ वे दोनों दासियों का भेस बदल के गयीं। इस दरमियान राजा चनेसर ने अपनी बीवी पसन्द कर ली थी–वो थी लीला। कौनरु को कहा गया था कि वो राजा को रिझा नहीं पायेगी क्योंकि वे लीला से ख़ूब प्यार करते थे और उसे अपनी पटरानी बनाया था। कौनरु ने बड़ी चालाकी से लीला के घर दासी बन कर पैंतरा शुरू किया, और लीला से कहा अगर तुम एक रात मुझे चनेसर के साथ बिताने दो तो मैं अपना नवलखा हार तुम्हें दे दूँगी। लीला उसकी बातों में आ गयी और

एक दिन जब राजा चनेसर नशे में थे, लीला ने कौनरु को उनके शयनकक्ष में भेज दिया। हार के लालच में लीला ने पति के साथ धोखा किया और चनेसर अपनी पत्नी से हमेशा के लिए रूठ गये। सुर लीला चनेसर में लीला का दुःख है, और शाह हमें मायावी दुनिया के लालच में ईश्वर को दूर कर देने के ख़तरे से आगाह करते हैं।

सुर मूमल राणो

यह सुर गुर्जर जनजाति की एक सुन्दर राजकुमारी मूमल और मेंधिरो, एक सोढो राजपूत, की प्रेम कहानी पर आधारित है। मेंधिरो को राणो भी कहा जाता है, जो उनका शाही ख़िताब है। मूमल लुडानो नदी के किनारे काक के जादुई महल में रहती थी, जहाँ वह प्रेमियों को मौत के घाट उतार देती थी। जब राणो पर उसका जादू न चला, तो मूमल उससे प्यार करने लगी। एक बार मूमल ने अपनी बहन सूमल को पुरुष के कपड़े पहनाकर अपनी बग़ल में सोने के लिए कहा ताकि राणो को ईर्ष्या हो, या फिर उसे राणो के पास होने की तसल्ली हो। राणो ने सूमल को एक पुरुष समझ लिया और मान लिया कि मूमल बेवफ़ा है। उसने उसे छोड़ दिया। मूमल ने उससे वापस लौटने की विनती की। लीला-चनेसर की कहानी की तरह, यह कहानी भी चंचलता और बेवक़ूफ़ी के कारण दिव्यता को खोने के बारे में है।

सुर मारुई

उमरकोट के राजा उमर सूमरो को उनके दरबारियों ने बताया कि मद्र क़बीले की लड़की मारुई इतनी ख़ूबसूरत है कि वह आपके महल के लायक है। जैसा अक्सर होता है, उमर ने मारुई को ज़बरदस्ती उठा लिया और ले गये अपने क़िले। उमर ने बहुत रिझाने की कोशिश की, तोहफ़े दिए, लेकिन क़िले में बन्द मारुई सिर्फ़ अपने घर लौटना चाहती थी। मलीर मारुई का वतन है, उसका मुल्क है, और मारुई दिन-रात उसकी मिट्टी, उसका बरसता पानी, उसके ग़रीब पर ख़ुद्दार लोगों के बारे में ही सोचती है। यह बेहद ख़ूबसूरत सुर है जिसका मज़मून गहरा है। मारुई एक रूह है जिसे क़िले में (यानी कि बदन में) बन्द किया गया है। आज़ाद होकर रूह निकलना चाहती है और अपने असली स्वरूप में जाना चाहती है। उमर की शान-ओ-शौक़त और उसके मायावी जाल में मारुई नहीं आती। यही हमारे लिए बड़ा सबक है।

सुर कामोद

कामोद उत्सव का सुर है। सम्मो शासक तमाची को नूरी पसन्द आ गयी, इसके बावजूद कि नूरी मछुआरों की ज़ात से है। कींझर झील के पास रहने वाले नूरी के लोग इस सुर में कई नामों से बुलाये गये हैं–मुहानो, गंदिरी, मनगर, वग़ैरह। तमाची अपने ओहदे के फ़र्क़ की परवाह किये बग़ैर नूरी की सच्चाई पर फ़िदा होते हैं। शाह इस सुर द्वारा ईश्वर की नेकदिली और भक्तों की सच्चाई पर ज़ोर देते हुए जश्न मनाते हैं।

सुर घातु

यह बहुत ही छोटा सा सुर है और सिन्ध की एक स्थानीय कहानी पर आधारित है। मछुआरों का एक परिवार था जिसमें सात भाई थे। मोरीरो सबसे निकम्मा और बेवक़ूफ़ माना जाता। जब सब भाई महासागर में जाते तो मोरीरो को घर पर छोड़ देते। एक दिन भाई समन्दर से लौटे नहीं क्योंकि उन्हें एक मगरमच्छ ने झपट लिया था। मोरीरो ने होशियारी और हिम्मत से कलाची (आधुनिक कराची के पास की जगह) के भयंकर समन्दर में रहने वाले राक्षसी मगरमच्छ का सामना किया और अपने भाइयों को बचाया। यह कहानी शाह एक 'एलैगरी' के तौर पर इस्तेमाल करते हैं। जो शख़्स अपने 'लोअर सेल्फ़' (नफ़्स) से लड़ सकता है, संसार में उसी की जीत होती है, और वही भवसागर को पार करता है। मगरमच्छ वही नफ़्स या निम्न स्व है।

सुर सोरठ

यह ख़ूबसूरत सुर संगीत की चरम सीमा है। इसका नाम दो तरीक़ों से देखा जा सकता है। यह कहानी सौराष्ट्र (जिसे पहले सोरठ कहते थे) की है, और सोरठ राय दियाच की पत्नी का भी नाम है। राय दियाच जूनागढ़ के राजा थे और पड़ोस के राजा अनिराई को उनसे बहुत ईर्ष्या थी, ख़ास तौर पर सोरठ की वजह से। राय अनिराई ने जूनागढ़ पर कई हमले किये पर सफल नहीं हुए। उन्होंने बड़े-से इनाम की घोषणा की : जो मुझे राय दियाच का सिर ला देगा, उसे मैं मालामाल कर दूँगा। बीजल नाम का चारण (माँगणहार) इस चुनौती को स्वीकार करता है और राय दियाच को अपने स्वर सुनाने चला जाता है। शाह सुर में सोरठ को महत्त्व नहीं दे रहे, किन्तु राय दियाच और बीजल के रिश्ते को सूफ़ियाना रंग

दे रहे हैं। राय दियाच जानते हैं कि वह और बीजल एक हैं, और सिर देना उनके लिए फ़ना होने के बराबर है।

सुर केदार

रिसालो के सन्दर्भ में इस सुर का विषय असामान्य है। यह प्रारम्भिक इस्लामी इतिहास के एक महत्त्वपूर्ण प्रकरण, पैग़म्बर के पोते हुसैन और ख़लीफ़ा यज़ीद की सेना के बीच करबला की लड़ाई, पर आधारित है। यूँ देखा जाये तो विषाद, मातम, और मौत के भय से मुक्ति–यह शाह की 'थीम्स' हैं। शहादत से इस सुर का असर और गहरा बनता है।

सुर सारंग

यह सुर अपनी आख़िरी कविता के लिए प्रसिद्ध है, जिसमें शाह बारिश के आगमन के माध्यम से दुनिया का नक़्शा बनाते हैं। वह चाहते हैं कि पूरी दुनिया बारिश से तरो-ताज़ा हो जाये। यह कविता एक विशिष्ट स्थान और उसके ब्रह्मांडीय आयाम, दोनों का उदाहरण है।

सुर आसा

सुर कल्याण और यमन कल्याण की तरह, यह सुर भी सूफ़ीयत की बुनियादी तालीम पर आधारित है। गर ख़ुदा तक पहुँचना है तो ख़ुदी को मिटाना होगा और हद से अनहद जाना होगा। ईश्वर का न कोई रूप है न स्वरूप।

सुर रिप

इस सुर का अहम जज़्बात और लहजा विलाप का है।

सुर रामकली और सुर खाहोड़ी

इन दोनों सुरों का वर्णन एक साथ किया जा रहा है क्योंकि इन दोनों में शाह नाथ योगियों की तपस्या, उनकी एकाग्रता और उनके हौसले की बात करते हैं। इन सुरों से शाह पर विविध विचारधाराओं का असर दिखता है। एक तरफ़ करबला का रुदन है तो दूसरी ओर शाह योगियों को दिन-रात चलते देखते हैं। शाह ख़ुद उनके साथ घूमे थे और उनकी आध्यात्मिक यात्रा पर योगियों का गहरा असर था। रामकली में

योगियों के हठ और तपस्या की बात है, तो खाहोड़ी में योगियों का पेड़-पौधों से रिश्ता बताया गया है।

सुर सिन्धी बरवो

भक्ति और सूफ़ी परम्पराओं में भक्त का ईश्वर की शिकायत करना, उससे रूठना और कभी उसे रहमदिल दिखाना तो कभी ज़ालिम एक ख़ास तौर की आत्मीयता दर्शाता है। इस सुर में वे सभी 'क्लासिक फ़ीचर्स' हैं, हालाँकि सुर छोटा है।

सुर कापाइति

अल्लाह या ईश्वर की इबादत करने में रोज़मर्रा के काम ज़रूरी होते हैं। इस सन्दर्भ में कताई को ख़ास अहमियत मिली हुई है। कबीर हों या गांधी, कताई की अपनी एक रूहानी रवायत है। इस सुर में युवतियों को याद दिलाया जा रहा है कि आलस छोड़ कताई करें, और ऐसी शिद्दत से करें कि लेने वाला उसका रूहानी मोल लगायेगा।

सुर पूरब

इस सुर से मैंने कुछ ही बैत लिए हैं, किन्तु इनमें भी आप दो विषय देख सकेंगे। कौवे द्वारा प्रीतम को संदेसा भेजना एक विषय है, और पूरब की ओर योगी जो चले गये दूसरा विषय है। इन योगियों की बात शाह ने सुर रामकली और सुर खाहोड़ी में की है।

सुर कारायल

कारायल या हज सिन्धी में हंस पंछी को कहते हैं। हिन्दुस्तान की कई कविता शैलियों में हंस को आत्मा समझा गया है। कई जगह अच्छे इन्सान को हंस और बुरों को बगुलों की उपमा भी दी गयी है।

सुर पिरभाति

जैसा कि शीर्षक है इस सुर का, इसे प्रभात के वक़्त गाया जाता है। जब गाने वाला सो रहा हो, तो उसकी पहचान कैसे होगी? शाह कई सुरों में नींद की निन्दा करते हैं, जागने को कहते हैं।

सुर डहर

सुर डहर काफ़ी छोटा है, और इसकी विषयवस्तु बिखरी हुई-सी है। सांसारिक अस्तित्व की पारलौकिकता और दिव्य प्रेमी के लिए तड़प इसका मुख्य विषय है।

सुर बिलावल

बिलावल राग हिन्दुस्तान में जाना-माना राग है। सिन्ध के मशहूर शूरवीर जखिरो की कहानी पर आधारित ये सुर रिसालो को एक स्थानीय स्वाद देता है। इसी सुर में वागंद नाम का फ़क़ीर है, जो शाह का अनुयायी था और शाह उस पर प्यार और मज़ाक़ बरसा रहे हैं।

सुर कल्याण

(1)

अव्वल अल्लाह–जो है सर्वज्ञ, सृष्टि का मालिक
क़ुदरत क़ायम उससे, सर्वश्रेष्ठ और शाश्वत
अद्धितीय, अनूठा–वहीद है वो, रब्ब रहीम
करो उसकी सराहना, उसी से जुड़ा और सजा जहाँ

(2)

जिन्होंने ईमान से कहा, *'वही मेरा रब है, और न कोई पूज्य प्रभु'*
अपनाया मुहम्मद को उन्होंने, सबब माना उसे संसार का
बढ़ी उनकी गरिमा, वह न हुए कभी गुमराह

(3)

गुमराह न हुए वो औलिया, पहुँचे साहिल पर सलामत
ईश्वरीय एकता से एक हुए, आलिम जो बने
उन्हीं को बनाया ईश्वर ने अमूल्य, आला

(4)

वहदत की मुहब्बत से वे बोले : ला इल्लल्लाह
जिया जुड़ा हक़ीक़त से, और रस्ते नापे उन्होंने
मारिफ़त को मौन में समाये हुए, ढूँढ़ी सूफ़ी दुनिया
सोये न कभी चैन से, बैठे न कभी फ़ुर्सत से
सिर कटे कन्धों से, आशिक़ वही, कहे अब्दुल्लतीफ़

(5)

अपने नूर का नज़राना दिया उन्हें अव्वल से
'अल्लाह के मित्रों को न कोई डर है, न हैं वो शोकाकुल'
सच्चाई में न कोई पीड़ा न दुःख
मौला ने असल से बनाया उन्हें ख़ुशियों से भरपूर

(6)

'वही मेरा रब है, और न कोई पूज्य प्रभु'
सुना नहीं बहरे, कानों में न पड़ी आहट दौड़ते घोड़ों की?
बहाओगे आँसू तुम, जब शहीद मिलेंगे सामने

(7)

'वही मेरा रब है, और न कोई पूज्य प्रभु'
यही उत्तम सौदा है, तुम हारो या जीतो
जगह तुम्हारी यहीं है, कहेंगे वो खुद
लो पियो जाम जन्नत का

(8)

'वही मेरा रब है, और न कोई पूज्य प्रभु'
ईश्वरीय एकता से एक हुए
दिखा जिन्हें दूजा, हुए वो गुमराह

(9)

सिर ढूँढ़ूँ, धड़ न मिले, धड़ ढूँढ़ूँ, सिर कहाँ
कहाँ गयीं कटी हुई उँगलियाँ, हाथ और कलाइयाँ
विलय हो गयीं सब, मिल गयीं वहदत से
जो गयीं सो गयीं

(10)

आशिक़ न कहना उसे, न ही कहो माशूक़ा
रचयिता न कहना, मूर्ख, न ही कहना रचना
राज़ उसी से करो इज़हार, जो कमियों से मुक्त हो

(11)

एक से हुए अनेक, अनेक हैं कुल एक
हक़ीक़त सिर्फ़ एक, बोलो न उसे कुछ और
ख़ुदा क़सम, ये मसला सारा बना साजन से

(12)

ख़ुद ही वो बड़े जलाल, ख़ुद ही जान जमाल
ख़ुद ही सूरत महबूब की, ख़ुद ही हुस्न कमाल
ख़ुद ही पीर, ख़ुद मुरीद, ख़ुद ही अपना ख़्याल
अन्दर से होता मालूम, ये पूरा का पूरा हाल

(13)

ख़ुद ही देखे ख़ुद को, ख़ुद ही महबूब
ख़ुद ने बनायी ख़ल्क़, तालिब भी वह ख़ुद ही

(14)

जो गूँज है वही उक्ति है, समझो उस बोल का रहस्य
थे साथ हमेशा से, सुनने में दो बने

(15)

महल एक, द्वार अनेक, खिड़कियाँ अनगिनत
जहाँ डालूँ नज़र, सूरत दिखे प्रिय की

(16)

अनेक रूप तुम्हारे, लाखों और हज़ारों में तुम
हर जीव में तुम्हारा दर्शन–एक से एक निराला
प्रीतम, तुम्हारी बात कैसे करूँ, किन लफ़्ज़ों में करूँ बयाँ

(17)

सब पूजें प्रीतम को, नेह दिख पड़ता नैनों से
प्रीतम जाने मेरे दिल में दिलबर बैठा
लतीफ़ की दिल-सोज़ आवाज़ पहुँचे साजन को

(18)

मेरी बीमारी देखी प्रीतम ने, रंज हुआ उन्हें
सेहत मेरी बन गयी, चढ़ा जब मैं सूली पर

(19)

अन्धे, मूर्ख बैद! कितनी दोगे दवा?
मैं कराहता दर्द से, तुम देते पुड़िया
सूली बनी जब सेज, मौत मिलाये मुशाहिद से

(20)

हमेशा से आशिक़ों के लिए सूली बनी सिंगार
मुड़ना-लौटना, मतलब क्या? वह खड़े शहीदों की तरह
अपना सिर दे देना, वही किया क़रार आशिक़ों ने

(21)

सूली कैसे भा गयी, कैसी है ये ख़ुशी?
जब मिले नैन प्रिय से, सूली बनी सेज

(22)

रखो गले को चाक़ू की नोक पे, फिर पूछो प्रिय की बात
पीड़ा प्रिय की बजे ऐसे, मानो बाजा बजाये कोई देह में
नाम लिया जो उसका तो पकाओ ख़ुद को अंगारों पर

(23)

दोष न दो चाक़ू को, हाथ पकड़ा जिसने
मारा मुझे उसी ने, देख उस लोहे को हुआ विस्मय
आशिक़ ऐसे ही तड़पते माशूक़ों के लिए

(24)

जो आगे हैं वे अंगारों पे हैं
जो पीछे हैं उनके शीश तैयार
इससे कम की न सोचना, वर्ना
काटो सिर को ख़ुद और सज्दा करो
देखा नहीं तुमने मय-ख़ाने ख़ून से लथपथ हैं?

(25)

जो पीनी है शराब तुम्हें, तो जाओ भट्ठी पर
उतारे धड़ से सर, लतीफ़ कहे, सुन दूल्हे
पियो घूँट उस शराब के, जो सिर की एवज़ में मिली
यह मानो तुमने पाया बड़े सस्ते में रूहानी नशा

(26)

न इसका कोई मोल, महँगा है यह इतना
तैयारी रखो सिर देने की
कहे सय्यद यह वह जगह है
जहाँ शराब पीकर
दिये जाते हैं प्राण

(27)

आशिक़ ज़हर पीते हैं
विष देखते ही उन्हें होता उल्लास
उसकी कड़वाहट और मौत-भरी बात
आशिक़ों को सुहाती
उनको लागी लगन, कहे लतीफ़
फ़ना हुए वे फ़िराक़ में
उनके ज़ख़्म बने नासूर
पर आह न निकले कहीं

(28)

जो भागो इसकी कड़वाहट से, माँगो न फिर शराब
पी जिन्होंने यह शराब, रूह गयी उनकी रगों से
पियो, कहे लतीफ़, इस जाम को सिर उतार कर

(29)

सर जुदा, धड़ अलग, मांस के टुकड़े पकते डेग में
जो सिर लिए हो हाथ में, बेशक करो बात शराब की

(30)

सच्चे आशिक़ न सोचते सिर को बचाना
सौ शीश कम पड़ें दोस्त की सोहबत ऐसी
यह हाड़-मांस का पुतला, क्या प्रिय के प्यार से बड़ा?

(31)

गर सिर देने से प्रिय मिलता तो
क़तारें लग जातीं आशिक़ों की
ललाट पे जिनके लिखा, वही मिले प्रिय से

(32)

इश्क़ की शराब का एक घूँट बड़ा महँगा
उसकी तमन्ना बना दे शहीद, किन्तु
काम हमारा इबादत, नज़र उस रहबर की

(33)

मदिरा पीकर मैंने साजन पहचाना
इश्क़ का प्याला पिया तो खुले राज़ रूहानी
प्रिय के प्यार की लगी आग अन्दर में
जीना नहीं जग में ज़्यादा, दिन हैं सिर्फ़ चार
अल्लाह! कहे अब्दुल्लतीफ़, है तो सिर्फ़ तू ही तू

(34)

दर्द देकर चले गये
पीड़ा जगा कर गुम हुए
प्रिय ने ऐसा छोड़ा
न भाये मुझे अब कोई तबीब

(35)

गर हबीब को समझा हिदायतगर
तो बनोगे और बीमार
तफ़ावत न होगा इस पीड़ा में
सेहत बनेगी साजन से
वही रहनुमा रक़ीब

(36)

प्रिय न है पीड़ा, वह तो सेहत सुधारे
मजलिस में बने मीठा,
बुलाओ तो बरसे कहर
ख़ंजर वो ख़ूब घोंपे,
जिसे कहे यार
ये छिपा हुआ रब्ब
वही करे रगों में संचार

(37)

वही रास्ता रद्द करे
रहनुमा भाई वो ही
तू जिसे चाहे इज़्ज़त दे
जिसे चाहे बेइज़्ज़ती

(38)

तड़पे तुम सलाम के लिए
ख़ुद क्यों न करते सलाम
हराम हुए द्वार सभी
जो देखा तुमने ये द्वार

(39)

मिठाई से मीठा, कड़वी नहीं कोई बात
प्रीतम की चुप्पी में है दुआ और सलाम

(40)

प्रीतम की ओर से आयी बस मिठाई
नहीं वो कड़वी, जो चखो चेतना से

(41)

जिसकी चाह है तुम्हें
वो भी तुम्हें चाहे
याद करो आयत
'तुम मुझे याद रखो
मैं भी तुम्हें याद रखूँगा'
हाथ में चाक़ू, मुँह में गुड़
यही सलीक़ा प्रिय के प्यार का

(42)

साजन ने पूछा मुझ से मुस्कुराते हुए
'क्या मैं तुम्हारा रब नहीं हूँ?'
जबसे यह कहा, मेरे दर्द हुए कम

(43)

वे पूछें मुस्कुराते हुए कहाँ है प्रीतम का हाथ?
इश्क़ का भाला जब छुआ, वे न डरे न मुड़े
सर ऊँचे लेकर चले वे मौत की ओर
आशिक़ चाहें प्रिय को, मरना है प्रिय का दीदार

(44)

प्रिय बुलाने पर करे क़त्ल
क़त्ल से दे बुलावा
इश्क़ का भाला जो छुए
न हटे न मुड़े
सुनो आशिक़,
गँवा दो होश अपने
बढ़ो फिर आगे

(45)

आशिक़ों को बुलाना
आशिक़ों को ठुकराना
ये लगे उलट बात
पर यही है इश्क़ की पहचान
छोड़ न उम्मीद तू
बिछड़ना ही मिलना है

(46)

वो मारे और पुचकारे
मारना, पुचकारना दोनों उसके काम
सुन माँ! वही करे क़त्ल
वही दे राहत रूह को

(47)

वही मारने वाला वही पालनहार
यही आदत हर ज़माने में हबीब की
दर्द वो दे, दवा वो दे हबीब
वही राहत रूह की

(48)

मेरे तन के तबीब, मेरे दर्द की दवा
वो देगा मुझे पुड़िया, वो आयेगा मेरा प्रिय
प्रीतम ख़ुद आये अपने मरीज़ की ओर
प्रीतम ने मिटाये सब दर्द इस ग़रीब के
सखियो! कहे अब्दुल्लतीफ़, प्रीतम ही हबीब

सुर यमन कल्याण

(1)

तू हबीब तू तबीब
तू दर्द की दवा
जानम, जिया भरा चोटों से मेरा
साहिब, दे शिफ़ा मियाँ इन मरीज़ों को

(2)

तू हबीब, तू तबीब, तू दर्द की दवा
तू दर्द देता, तू मिटाता दुःखों को दयावान
पुड़िया दवा की फ़र्क़ करे, जो तेरा हो हुक्म

(3)

प्यारे, उठाओ तीर और लगाओ निशाने पे
लगे जो तीर मुझ पर आरपार तो शरण तुम्हारी मिले
इस बहाने तुम्हारी गोद में छिप जाऊँ, साजन

(4)

जब हबीब ने चलाये प्रीत के बाण
भूले अपनी विपदा सब तबीब

(5)

हबीब जो तुमने तीर मारा तो मुहब्बत की नेमत
पूछूँ न फिर तबीब से, जियूँ ज़ख़्मों को गले लगा कर

(6)

कराहते हुए, बिलखते हुए जो
जिनके अंगों को चीर डाला तीरों ने
तड़पे और लड़े वो मुहब्बत के मैदान में
ख़ुद लगायें पट्टियाँ, ख़ुद करें अपना इलाज
ऐसे ज़ख़्मी आशिक़ों साथ क्यों न
गुज़ारें एक रात, बताओ?

(7)

तन्दुरुस्त को सुध क्या दर्द की
क्या जाने वो घायल कैसे बिताते रात
ज़मीन पर पथरे हुए आशिक़
न बदल सकते करवट
सिसकते-सिसकते रोते
न राज़ बताते अपना
प्रिय को जो चाहते
वो घायल यूँ बिताते रात

(8)

तन्दुरुस्त को सुध क्या दर्द की
क्या जाने वो घायल कैसे कराहते
ज़मीन पर पथरे हुए
आशिक़ों को हैं हज़ार मर्ज़
लागी लगन उन्हें, कहे लतीफ़
हमेशा का दर्द उन्हें
प्रीत जिनकी पूरी
रोते हुए बिताते रात

(9)

माँ, मैं न मानता उनको जो बहातें आँसू
दिखायें दुनिया को कैसे बहतें आँसू
साजन जिनके सिमरन में
वो न रोते न जताते

(10)

बिसरे बेचारे बैद!
हमें तो मर्ज़ इश्क़ का
उठो बैद, उठो तुम और चल पड़ो पुड़िया लेकर
दवा लाये दयावान
आये दर्द मिटाने रहमदिल
छोड़ो बैद, हमें तो मर्ज़ इश्क़ का

(11)

तन में मेरे, ओ हबीब, दर्द जो है
तुम क्या जानो, उठाओ दवाएँ
फेंको उन्हें ज़मीन पर
न चाहता मैं ज़िन्दगी
हयाती हरी से है

(12)

जो माँगो प्रिय का मिलन
तो सीखो चोरों के तौर तरीक़े
चढ़ें जब वे सूली पर
बयाँ न करें कोई बात
चाहे चाकू काटे उन्हें
रहें वो फिर भी चुप

(13)

तबीबों ने डराया और धमकाया
तबीबों ने धकेला मरीज़ों को
घाव खुले, ज़ख़्म बहे पर बने न नासूर
दोस्त के दर्शन हुए तो हुए वो ग़ायब
तबीबों को आयी घिन्न और वे चल पड़े
ओ प्रीतम, अब आओ तो मैं नयी बनूँ

(14)

जिन्होंने लगायी चोट, वही बने हकीम
बाँधीं मुझ पर पट्टियाँ, बनाया दुरुस्त फिर से
दिल मेरे रहो उनके पास, बनो न फिर ज़ख़्मी

(15)

ओ तबीब, मत दो पुड़िया दवा की
ताकि बन जाऊँ मैं तन्दुरुस्त
साजन शायद आये मेरी तबीयत जानने

(16)

बीमार भागे हकीमों को देखने
जिन दवाओं का हुआ ज़िक्र
उनसे हुए दूर

(17)

साजन, आकर पूछो मेरा हाल
मैं मारी तुम्हारे दर्द की
जो मैं रहूँ तो दोष न गिनो मेरा
मुट्ठी भर-भर देना दवा प्रीतम

(18)

हाय-हाय! मन में लगी हाय महबूब की
कलेजा कोयलों पे जला, गुर्दे गुम आग में
देखो लपटें निकलतीं सिर से
अब तो मानो सच को

(19)

पकने दो मुझे काँटों पर
बाबुर की सेज पर
टँगा दो चाहे जिगर
गुर्दे और कलेजा सीन पर
हटो हकीमो, मैं तो हो गयी
साजन की

(20)

साजन ने तीर निशाने पर दोबारा मारा
छम-छम करता शुरू हुआ, चीख़ता हुआ जा लगा
गुर्दे, कलेजा और जिगर यूँ जा गिरे
उन्हें पार करते हुए तीर ने हिय को घोंपा
अब मैं कैसे उसे निकालूँ, प्रीतम

(21)

पूछो पतंगिये से जलता कैसे हर वक़्त
डालता ख़ुद को आग में, दिल को चीरता
इश्क़ के भालों से

(22)

पतंगिया जो कहलाओ अपने आप को
तो आके बुलाओ आग को
इस आग ने जलाया कईयों को
सो सुनो तुम
मत दो ये आग हर ऐरे-ग़ैरे को

(23)

पतंगिया जो कहलाओ अपने आप को
तो मुड़ो न वापस आग देख कर
एक हो ज्वाला के साथ, बनो प्रीतम के प्रिय
तुम अभी नहीं पके पूरे,
नहीं भट्ठी का तज़ुर्बा तुम्हें

(24)

तन जो तन्दूर तरह तपता तो छींटो उस पर सब्र की बूँद
सुलगा लो आग अदब की और अपने होने को जलने दो
रहने दो अपनी रूहानियत परदे के पीछे
न सुनाओ दिल्लगी की कहानी
जो जान लेंगे लोग, कहे लतीफ़
तो रोड़े आयेंगे राह में

(25)

एक प्याला और दो लोग!
ऐसे इश्क़ न होए
यूँ जो गिनती होवे, तो प्रीतम पास न होए
देखा दो होने का नतीजा, कैसी दूरी बनी

(26)

एक प्याला और दो लोग!
ऐसे इश्क़ न होए
जो आये मुहब्बत की जकड़ में
दो से एक हुए
दूरी हुई तमाम जब इश्क़ का ख़ंजर चुभा

(27)

एक प्याला और दो लोग!
इश्क़ न यूँ बँटता
ये तो रीत, शायर, सीखी तुमने क़व्वाल से

(28)

छिपाओ न शराब पीनेवालों से
जो इन मुसाफ़िरों को तुम पिलाओगे
देंगे तुम्हें एक बूँद पर लाखों दुआयें

(29)

मत समझो शरीफ़ उस मधुशाला के मालिक को
वो तो है असल से ओछी ज़ात
प्यालों में भर-भर पिलाये और करे काम तमाम

(30)

प्रीतम आये प्रेयसी के द्वार, हुआ मिलन मुमकिन
मिले महबूब मुद्दतों बाद, मिटी जुदाई
जिनका पता न था कल तक, आये क़रीब वही वाहिद
अब्दुल्लतीफ़ कहे, आकर कैसी फ़ज़्ल फ़रमाई साहिब ने

(31)

सूफ़ी यूँ सब जगह सफ़र करता, मानो रगों में साँस
वो न बतियाता किसी से ख़ुदा का ज़िक्र
गर वो करे बात ज़ाहिर तो गुनहगार ठहराता

(32)

देने से दुःख होये, न देने से राज़ी
सूफ़ी वो हुए, जो न होने को लेकर चले

(33)

सूफ़ी नहीं है कूफ़ी, कोई न समझे उसे
उसकी जंग है अपने आप से, न दिखे किसी और को
सूफ़ी बनता दोस्त उनका जो करते बैर उस से

(34)

सूफ़ी ने साफ़ किया पन्ना वजूद का
फिर देखा, अपने जीते जी, प्रिय का पैमाना

(35)

सूफ़ी कहलाओ ख़ुद को और करो ख़्वाहिशें?
ये तो न हुई सूफ़ियों वाली बात
काटो ये लम्बी सूफ़ी टोपी, उछालो आग में

(36)

सकल सृष्टि ढूँढ़े उसे जो बसा सुन्दरता में
जो समझे इस बात को, रूमी कहे, वो न बोले कुछ

(37)

सकल सृष्टि ढूँढ़े उसे जो बसा सुन्दरता में
आया इन्सान कहाँ से, रूमी कहे, देखो जादू कैसा हुआ

(38)

आखर पढ़ अलिफ़ का, बाकी सब भुला
रोशन कर अपने अन्दर को, पन्ने पढ़ोगे कितने?

(39)

मुंशी, लिखते तुम जैसे लाम अलिफ़ से जोड़ कर
ऐसे ही साजन जुड़े मेरी रूह से

(40)

चालीस दिनों का रोज़ा ऐसा प्रिय का दीदार
मुंशी, क्यों ढाते पन्ने पर पन्ने?
पलटाओ पन्ने बीस, पर आखर तो वही एक

(41)

मियाँ, कमान में मत डालो तीर
तुम ही जो मुझ में
लग न जाये तुम्हारा तीर तुम्हीं को

(42)

मुहब्बत और मौत, दोनों बने 'म' से
दोनों के लिए ज़रूरी लम्बी राह का सफ़र
जो तलब दोनों में प्रीतम की, बचे न वो ज़िन्दगी

(43)

यार साजन की फ़िराक़ में हुई बेहाल
उनके दरवाज़े पर होंगे मुझ जैसे कई मुश्ताक़
हर कोने में है फैली हुई महबूब के हुस्न की दास्तान
दुरुस्त करो सुरमा आँखों में, वो है प्रिय के पाँव की ख़ाक
कहे अब्दुल्लतीफ़, प्रिय हमारा है हुस्न से भरपूर

सुर खम्भात

(1)

भले हैं वो, प्रीतम मेरे हैं ही भले
ये उनकी भलमनसाहत है कि
न देते वो मुझे ताने
मैं हूँ कमियों से भरपूर, साजन तो मेरे सम्पूर्ण

(2)

चाँद, तुम ही तो जो प्रिय को देख पाते हो
मैं बतलाऊँ जो रोते हुए, वो कह देना उनसे
मिलन हो मेरा उनसे और चले न जायें वे दूर

(3)

बस मुमकिन हो ये कि प्रीतम मेरे पास रहें
बस मुमकिन हो ये कि प्रीतम जायें न कहीं और
प्रीतम–जिनकी आँखें बसी मेरे दिल में
जिनके शब्द संजीदा और समझ से भरे

(4)

चाँदनी रात है और रस्ता सीधा, भाई चल पड़ो
माँगो प्रिय से हौसला, और ऊँट तुम लो चन्दन व इलायची
मैं तुम से कह रही हूँ, बताओ न किसी और को
आवाज़ देते-देते चलो, जलने दो दुश्मनों को

(5)

चौदहवीं के चाँद! तुम निकलते सोलह सिंगार के बाद
पर प्रिय की एक पलक की सोहबत न होगी तुमसे
तुम चाहे करो कितने ही हार सिंगार
तुम्हें जहाँ पूरी उम्र लगती, क्षण में प्रिय वो पाता

(6)

सौ-सौ सूरज निकलें या चौरासी चन्द्रमा
या अल्लाह! प्रिय बग़ैर सब जगह अँधेरा

(7)

चाँद, मैं न करता तुम्हारी बराबरी प्रिय से
तुम रोशन सिर्फ़ रात को, साजन नित सवेरा

(8)

चाँद, एक बात कहूँ अगर बुरा न मानो
कभी हो तुम एक लकीर, कभी एक टुकड़ा
दिखते तुम कभी आग बबूला
नहीं तुम्हारी पेशानी प्रिय जैसी

(9)

ख़ुमारी भरे नैन जो उठाये और नूरानी चेहरा जब उठा
तो मद्धम हुईं सूरज की किरणें और फ़ीका पड़ा चाँद
दिलबर को देख कर तारों का मण्डल बना मिस्कीन
जवाहर की ज्योति कम हुई, जानिब के जमाल से

(10)

न ऊँट है न घोड़ा मेरे पास, पैदल मैं चलूँ कितना
पहुँचूँ कैसे प्रीतम पास, मैं रोऊँ जुदाई के आँसू

(11)

ओ ऊँट! छोड़ो आलस और बढ़ो आगे
मुझे वहाँ जाना है जहाँ जानिब है
खिलाऊँगी तुम्हें चन्दन, चाहे ऊँट ज़हरीले पौधे खाते
उठो ऊँट मेरे, ताकि मिलूँ उनसे रात ढलते

(12)

फूलों के पेड़ से बाँधा उसे ताकि कलियाँ खाये वो
कमबख़्त ऊँट छिप-छिप ज़हरीले पौधे खा रहा है
माँ! मैं तो इसकी हरकतों से बाज़ आ गयी हूँ

(13)

ऊँट को क़ाबू रखने डाली उस पर रस्सी
रस्सियों को खींचता हुआ गया ज़हरीले पौधे खाने
अल्लाह मेरे! उसे सही रस्ता दिखाओ
कृपा करो उस पर, कहे लतीफ़

सुर श्रीराग

(1)

करते रहो तुम सुमिरन प्रीतम का, ताकि वो भी तुम्हें याद रखे
मानो उनके सब हुक्म ताकि ख़ाली न रहो तुम उनकी मेहार से

(2)

चित्त में रखो चित्र उनका, ताकि वो भी तुम्हें याद रखे
पाल रखो साफ़-सुथरा, साबुन से बनाओ सफ़ेद
नाविक! ध्यान रखना ताकि पहुँचो तुम उसWWया मोतियों का
सीसा बेच कर वक़्त गँवाया, कहे लतीफ़
ये हाल है मेरा, रहम कर रहमदिल

(4)

सेवा कर समन्दर की जिसमें अनन्त जल बहे
माणिक, मोती और लाल उसकी गहराइयों से
पाओ तुम भी कुछ पुजारी, माला-माल बनोगे तुम

(5)

समन्दर ने सँभाला उन्हें जिन्होंने की उसकी पूजा
ले आये गहराइयों से वे पुजारी सोना और मोती
लहरों से ढूँढ़े उन्होंने जवाहर, कहे लतीफ़

(6)

चिकने दलदल हैं आगे, तेज़ मौज़ भी दिखती
पापों से भरी मेरी नैया कैसे करे बर्दाश्त
बताये न बता सकूँ, पाप हैं बेशुमार
रहमदिल ले जाओ इस अँधेरे भँवर से पार

(7)

इस गहरे पानी से बनो सावधान
आसपास के लोगों को देखो और सीखो
दिखता नहीं तुम्हें कि पूरा संसार उस पार जा रहा?

(8)

व्यापार करो उन चीज़ों का जो हो न पुरानी
बेचो ऐसी चीज़ें जो मुनाफ़ा दें विलायत में
दुकान चलाओ ऐसे जो दे तुम्हें मुक्ति

(9)

अब आकर देखा तुमने साहिब को
अब तक सिर्फ़ सुना था तुमने उसके बारे में
ग़ाफ़िल इस दुनिया में, याद न किये अल्लाह
लतीफ़ कहे, देखो कैसे भँवर में डाली नौका
ख़ुदा, बचाओ इस पुरानी नाव को, टूटी जो तूफ़ानों से
जहाज़ है ये ज़ईफ़ों का, पहुँचाओ ख़ुद इसे पोरबन्दर

(10)

अच्छे अच्छाइयाँ करते, बुरे बुराइयाँ
करते बर्ताव वही जो जिसकी फ़ितरत हो

सुर सामुंडी

(1)

लंगर की रस्सी पास रखो, औरत
यूँ न हो तुम्हारा समुद्री शौहर उठाये लंगर
और चल दे तुम्हारे जी को जंजाल में डाल

(2)

लंगर की रस्सी पास तड़पो, औरत
यूँ न हो तुम्हारा समुद्री शौहर उठाये लंगर
और चल पड़े तुम्हारे मन में लगा कर आग

(3)

लंगर की रस्सी पास बैठो, औरत
यूँ न हो तुम रहो गुम और समुद्री चले चलें परदेस
जिनका वतन है समन्दर, क्यों न जाती तुम उन संग?

(4)

ये जोबन के दिन, जब साजन गये सफ़र पे
आँसू बहते देख भी वे न रुके, माँ! क्या करूँ बताओ
जीते जी चिता पर चढ़ाया उस सौदागर ने

(5)

नहीं बन्दर पर नाव, न कोई चर्चे समुद्री के
सखियो, खड़ी मैं आज जुदाई का नश्तर दिल में लिए

(6)

मैं चाहूँ तुम भूल जाओ जो सीखा तुमने सौदा
आये मुश्किल से तुम कल और आज फिर चले सफ़र को

(7)

चमकें चारों ओर ध्वजाएँ साहूकारों की
माँ! देखो समुद्री व्यापारी आये करके सौ सिंगार
लौटे परदेस से ये, कौवों ने किया कोलाहल इस बात पर

(8)

'लंका, लंका' का जप करते हुए गये लंका की ओर
उगते सूरज से पहले छोड़ी लंगर और पार किया खरा समन्दर
गये जो अपनी पूँजी कमाने, लौटते धन से भरपूर

(9)

देखा जब दिवाली को आते, समुद्री ने तैयार की नाव
सौदागर की बीवियों ने लगाया गले शौहर को
अबला औरत, विरह का दुःख अब सतायेगा दिन-रात

सुर सुहिणी

(1)

नदी बहे ज़ोर से, नहरें बहें जोश से
पर मुहब्बत का ज़ोर है निराला
जिन्हें इश्क़ प्रभु से, उनके ख़यालों में नहीं जगह कोई और
वापस ला दो परवरदिगार जिसने क़ब्ज़ा किया मेरे दिल पर

(2)

पानी की नयी-नयी धाराएँ बहें
और आगे बहे ज़ोर से लम्बी नदी
सखियो, तुम बैठीं घर पर अपने शौहर की छाया में
देखा जो होता तुमने साहड़ का ख़ूबसूरत चेहरा
ले अपने घड़े तुम भी कूदतीं पानी में मेरे संग

(3)

किनारे खड़ीं, प्यार की दुहाई देतीं
कितनी ही औरतें करतीं–साहड़, साहड़
ले करतीं अपने आप से ज़्यादा प्यार
कई बातें करतीं क़ुर्बानी की
साहड़ उनका जो कूदती पानी में ख़ुशी-ख़ुशी

(4)

कौवे बैठे डालियों पे ज्यों शाम लगी ढलने
सुहिणी ने सुनी बांग शाम की नमाज़ की
उठाया घड़ा उसने, निकली ढूँढ़ने वो कोने जहाँ मिले साहड़ साजन

(5)

देख सिन्धु के पेचीदे अन्दाज़, सुहिणी घड़ा थामे हुई दाख़िल
'सर दर क़दम-ऐ-यार फ़िदा शुद चे बाजाशुद'
कितना सही है माशूक़ के चरणों पर सिर क़ुर्बान करना
जिनको चढ़ा ये रंग, उनकी हिफाज़त करना

(6)

देख सिन्धु के पेचीदे अन्दाज़, सुहिणी घड़ा थामे हुई दाख़िल
वो पहुँची उस जगह *'जिसने अपने रब के सामने खड़े होने का भय रखा'*
सय्यद कहे, चाहने वालों को जग कैसे रोकेगा
जिनको चढ़ा ये रंग, अल्लाह, उनकी हिफाज़त करना

(7)

घड़ा थामे हुए वो कूदी पानी में, आसरा रब का
घड़ियाल ने पकड़ा पाँव, साँप ने दबाया गला
चूड़ियाँ मिलीं मिट्टी से, लहरों ने झड़पे बाल
घिरी वो हज़ारों मछलियों से, सुहिणी बँटी टुकड़ों में

(8)

भला हुआ फूटा घड़ा, टूटीं मेरी चूड़ियाँ
बहादुर हैं वो जो ढूँढ़ते प्रीतम को
डूबते का वही सहारा
डाम पति जो मेरा, झूठा और मक्कार
मन में मेरे है सिर्फ़ मेहार

(9)

भला हुआ फूटा घड़ा, हटी एक अड़चन
बाजा बजे मेरे वजूद में, रबाब रहे रूह में
साहड़ नहीं जो पास, किस सवाब की सोचूँ

(10)

भला हुआ फूटा घड़ा, दिल मेरे, तेरे कुछ और
आँखों में रहे अदब, नज़र पड़े सीधी
मेहारों के सरदार ने दिखाया मुझे रास्ता

(11)

घड़ा फूटा, टूटे झूठे सहारे, मरी औरत
उसके बाद सुनी मेहार की आवाज़ सुहिणी ने

(12)

ख़ुदी न ले जाओ सुहिणी ख़ुद के साथ
छोड़ो ये झूठे सहारे, प्रीत ले जायेगी उस पार

(13)

जिन को लगी मेहार की लगन, तड़पे उनके लिए भी मेहार
बेड़ा लगे उन्हें रोड़ा, इश्क़ के ज़ोर पर वो तैरते

(14)

जो साहड़ है, वही है सुहिणी, वही समन्दर
बात है ये गहरी, राज़ है ये जटिल

(15)

दरिया में छायी दहशत, यहाँ हैं बेशुमार जानवर
नहीं नाप सकते गहराई पानी की, मल्लाह
दरिन्दे गुर्राते हुए पानी में, नावें होतीं गुम
जो जाता पानी के भीतर, पुर्ज़ा-पुर्ज़ा बन जाता
ओ साहड़, जो न तैर सके करना उसकी हिफ़ाज़त

(16)

सुहिणी पहले सीखो शरीअत के सबक
रूहानी राह से तरीक़त का ज्ञान बड़ा मुश्किल
समझो हक़ीक़त की सच्चाई
मारिफ़त समझो, और समझो सूफ़ियों की मंज़िलें
हर आशिक़ का बनता है ये फ़र्ज़

(17)

वो नदी में पाँव रखती जाड़ों की आधी रात गये, बरसते पानी में
चलो चलें और पूछें सुहिणी से इश्क़ क्या चीज़ है
पूछें उससे जिसके मन में मेहार बस दिन और रात

(18)

मेहार ने दिया प्याला प्रेम का, सुहिणी बनी मतवाली
लोहे से भी तेज़ है इश्क़ का बाण, कहे लतीफ़

(19)

साहड़ का सिंगार विधि लिखने से पहले है
न था कहीं पे कुछ, न थी 'कुन फाया कुन' जब
न थी कोई वाणी, न थी कोई गाथा
ऐसे में थी सुहिणी की मीठी आवाज़
ऐसे में था सुहिणी का मेहार से प्यार, कहे लतीफ़

(20)

अज़ल के दिन जब रब ने रूहों से पूछा
'लस्तु आवाहन, नहीं मैं तुम्हारा रब?'
तब से मैंने किया मेहार से वादा
जो लिखा गया क़िस्मत में
कैसे मिटाया जाये उसे?

(21)

जिसे तुम शे'र समझते हो, वो है आयत
ले जाती वो प्रीतम की ओर,
मन की डोर पकड़ती

सुर ससुइ आबिरि

(1)

ससुइ को इश्क़ ने सेंका
जैसे सींक पर लगे कबाब
पर यूँ न समझो ससुइ की तलब में हुई कमी
वो तो खड़ी प्यासी
इस चश्मे-पुन्हूँ को पीते हुए

(2)

मुहब्बत जिनके दिल में
तिश्नगी गहरी उनकी
पियो प्याला इस प्यास का
जगाओ प्यास से प्यास
पुन्हूँ! पिलाओ प्रीतम
तो बुझे प्यास से प्यास

(3)

झोपड़ियाँ उनकी पानी के पास
फिर भी प्यास के मारे, ये मूर्ख
साँसों से भी नज़दीक है साजन
पर दिखे न उनको
जो जाने न अपनी साँस
करें वो फिर गिले-शिकवे
बे-वतनी और दर-ब-दर

(4)

ससुइ न समझी पुन्हूँ को
चाहे थी वो उसके क़रीब
जब पहचाना पुन्हूँ को
ज़ाहिर हुआ उसका आपा
एक ब्राह्मण लड़की ने गँवाई अपनी पहचान
बनी ब्राह्मण से बलोच औरत

(5)

तपती हवाएँ चलीं, जला जग सारा
कराहें उठीं आकाश से–हाय रे हाय
पुन्हूँ के जाने से
मनाया पक्षियों ने मातम
ग्वालों ने बहाये आँसू देखकर पशुओं का दर्द
विषाद के मारे जानवरों ने की मौत क़बूल
रेगिस्तान रोया, तड़पा, चीखा
पुन्हूँ, पुन्हूँ, पुन्हूँ

(6)

मोहताज मानो ख़ुद को
फिर उठाओ क़दम उस ओर
अबला औरत! करो न केच के गिले-शिकवे
ससुइ दूर करो ख़ुदी को और प्रीत ले चलो
शैतान जो बैठा अन्दर-बाहर, रखो उसे दूर
साथ रखो ना-उम्मीदी को
ताकि पहुँचो उम्मीद तक

(7)

पहाड़ देख न घबराना, नादान लड़की
न रोकना क़दम, न मुड़ना पीछे
कमर कस कर जाओ केच, कहे लतीफ़
आगे बढ़ी ससुइ! बलोची के इश्क़ को साथ लिए
प्रीतम है तुम्हारी आँखों से भी नज़दीक
ख़बरदार, जो उसे समझो तुम दूर

(8)

वाक़िफ़ मैं न भीषण वन से
लिया साथ न बूँद पानी
पहाड़ बरसे मुझ पर आग जैसे
लगे लू लाचारों पर, कहे लतीफ़
आओ यहाँ साजन
जहाँ हूँ मैं अकेली

(9)

घने पेड़ भीषण वन के
घूमें नीले नाग
उधर, कहे अब्दुल्लतीफ़
करते हैं आशिक़ जद्दोजहद
जिनकी न क़ौम न क़बीला
राह दिखा उन को रहबर

(10)

ओ भोली, वहाँ नहीं वो पहाड़ी जहाँ तुम समझती
जाओ माँ, पहाड़ों की ओर
वन बसा तुम्हारे भीतर
अनजानों को रहने दो पराया
पर पूछो अपने आप से
कहाँ बसा है प्रिय?

(11)

ससुइ, ढूँढ़ो सारे के सारे कोने घर के
जाओ मत दूर कहीं, इन्हीं दीवारों पीछे
बसा है तुम्हारा दोस्त

(12)

उसी को साथ लिए हुए हो
फिर उसी को ढूँढ़ती, ससुइ
कभी न मिला किसी को यूँ
घूमने से ज्ञान, पूछो प्रिय से
ख़ुद तुम, तो मिले तुम्हें इस घड़ी

(13)

हृदय से पहुँचो साजन तक
पाँव से पैदल करना बेकार
पहाड़ों में न ढूँढ़ो उसके निशान
ससुइ, चाल चलो रूहानी

(14)

जाओ क्यों तुम भीषण वन की ओर, इधर न दिखता साहिब?
नहीं छिपा कहीं और बलोच, कहे लतीफ़
अपना सत न गँवाओ, प्रीत निभाओ प्रीतम से
नैनों से न निहारो, पाओ दोस्त का डेरा अन्दर में

(15)

जाओ वापस सुहागन सहेलियो
ये है मिलने-बिछड़ने की दास्तान
सीने में लेकर आग जो चलेंगी प्रियतमा
वही चढ़ेंगी पहाड़ों को, तुम मुड़ जाओ

(16)

आज मैं धोऊँगी मेरे कपड़े, माँ
रंगूँगी उन्हें रंग गेरुआ, माँ
बनूँगी मैं जोगन, रोको मत आज
अपने बलोच के लिए पहनूँगी मैं
बड़ी बालियाँ कानों में, माँ

(17)

भागी मैं भंबोर से, पहुँची पहाड़ में
दौड़ी केच की ओर, जहाँ बसे पुन्हूँ मेरा
पर तू तो है हर चीज़ में, प्रभु
फिर फ़तवे किस किस के ख़िलाफ़?

(18)

जब की मैंने ख़ुद से रूहानी बातचीत
तो लुप्त हुए पहाड़, लुप्त केच की तलब
ख़ुद बनी मैं पुन्हूँ, लुप्त हुए दुःख
जुड़े थे जो ससुइ होने से

(19)

पुन्हूँ जब मैं ख़ुद बनी, गुम हुई सूरत ससुइ की
'*बनाया अपनी छबि में सबको*' कहने लगे दरख़्त
दीवानी ससुइ ने लिया बलोच बाँहों में

(20)

ससुइ की सूरत मिटी, पुन्हूँ मैं ख़ुद बनी
सबका सय्यद यही कहे, मंज़िल ये है सच्ची
बने भंबोर के रिश्ते रुकावट रूहानी राह पर

(21)

बलोच तुम्हारी बाँहों में
क्यों पूछो रास्ता औरों से?
समझो इस सच को
'स्वयं तुम्हारे अपने आप में,
तो क्या तुम देखते नहीं?'
जाता नहीं कोई ढूँढ़ने
बलोच को बाज़ार में

(22)

बलोच तुम्हारी बाँहों में
क्यों ढूँढ़ो कासिद तुम?
'हम उसकी गर्दन की रग से अधिक निकट हैं'
ख़ुदी आये बीच में, वर्ना ख़ुदा क्या दूर

(23)

यहाँ से उठा वहाँ रखा जिन्होंने
पहुँची वे मंज़िल तक
साजन की सूरत सबसे सुन्दर
वह एक क़दम न दूर

(24)

आग लगी जो तुम्हें, तो जलो
उठने दो ज्वालाएँ आसमान तक
है जो यहाँ वो सब भुला दो
संसार की सब सामग्री सौंप दो शून्यता को

(25)

यूँ सीना तान कैसे पहुँचोगी पुन्हूँ पास
सीना जिसने ताना, ससुइ, सो हुए नाश
बावली! जो तू बने मिस्कीन
मिले तुझे साजन सदा

(26)

बेबस, बेसहारा, बेज़ार, बेरहबर मैं
बहाऊँ मैं ख़ून के आँसू बालम के लिए
लतीफ़ कहे, बह गयी ससुइ पुन्हूँ ढूँढ़ते नदी में
जानिब को रिझाऊँ ज़ईफ़-सी मैं कैसे
बनाऊँ, पकाऊँ अन्न, पुन्हूँ
जो साथ मुझे तुम ले लो

(27)

बेबस, बेसहारा, बेज़ार, बेरहबर मैं
प्रीतम पराये देस के, आयी मुझ पर मौत
ससुइ को, सय्यद कहे, सिर्फ़ तेरा सहारा
बावली तू, बिन चीज़ों के कैसे करेगी सफ़र?

(28)

जब देखे मुनकर और नकीर ससुइ ने
उठ कर सन्मुख हुई दोनों फ़रिश्तों से
'भाई मेरे, देखा तुमने साजन के क़ाफ़िले को जाते?'

(29)

सुन औरत, बैठ न यूँ भंबोर में
आवाज़ उठा, चिल्ला और चढ़ ये नुकीले पहाड़
ढूँढ़ पुन्हूँ के पदचिह्न, जो ढूँढ़ोगी
तो मिलेंगे निशान तुम्हारे साजन के

(30)

ससुइ अब हुई जो तुम्हारी उम्र
ओढ़ो तुम लिबास निर्लज्जता के
छोड़ो लाज, लतीफ़ कहे, बनो दर-ब-दर
घूम इस रेगिस्तान में, हरी हासिल हों तुम्हें

सुर मअज़ूरी

(1)

कई हुईं साबित झूठी पुन्हूँ की ओर चलते हुए
राह में ऐसी, सब दिखें सुस्त और बौखलाई-सी
ब्राह्मण लड़की, तुम बन जाओ बोटियाँ
केच के कुत्ते खायें तुम्हें फिर

(2)

बाँधा जो नाता मैंने प्रीतम से
उस रुत्बे ने बनाया मुझे मशहूर
वर्ना कौन है ये ब्राह्मण लड़की?
किस की बेटी? कहाँ की वो?
अनजानी मैं तो सिन्ध में
बनी जानी-मानी, हर शहर, हर वतन

(3)

बहनो, छोड़ो हार-सिंगार, छोड़ो काम तमाम
उठो, जागो नींद से, बनो नंगी इश्क़ में

(4)

नग्न होकर निकलो, सखियो
छोड़ो लोभ और लालच
यूँ नींद में न पाओगी प्रिय

(5)

नग्न होकर निकलो, छोड़ो कपड़े-लत्ते
जिसने न लिया कुछ साथ, वो रहे आगे

(6)

जिसने न लिया कुछ साथ
पाया उसने प्रीतम को
जिसने किये हार सिंगार
खोया उसने प्रीतम को

(7)

होने से वो दूर, अनहोने से वो क़रीब
साजन उन्हें मिले जो 'अन' लिए चले

(8)

कोसों चली मैं हाड़हो परबत की ओर जाते
आरी जाम बग़ैर मैंने सैकड़ों मुश्किलें झेलीं
गुज़रना पड़ा मुझे, लतीफ़ कहे, कई गली-कूचों से
पुन्हूँ के पीछे जो मैं चली, क़िस्मत मेरी खुली
छोड़े सब काम, तौर-तरीक़े, अब न मैं बैठूँ कहीं

(9)

पेड़! बनो न तुम और ऊँचे
न और ऊँचे बनो तुम पहाड़
न टिमटिमाओ आँसू से, नैन
मुझे देखने हैं प्रिय के निशान

(10)

काँटे लगें चाहे लाख पाँवों में
उँगली चाहे बिछड़े अँगूठे से
प्रिय की ओर जाते
जूती मैं न पहनूँ

(11)

जियो ऐसे जैसे मर चुके हो
फिर देखो जानम का जमाल
जो मानो ये मशवरा
जानम तुम्हें करेंगे क़बूल

(12)

मरने से पहले मरो, तो हो तुम्हें नूर नसीब
जो जियो तुम और, तो भागो भंबोर से, मूर्ख
पुन्हूँ से जा मिलो, दीदार करो फिर मौत के फ़रिश्तों का

(13)

जो मरे मरने से पहले, वो न कभी मरे
जो जिए अपनी हयाती से पहले, हमेशा ही जिए

(14)

हाथ, पैर, घुटनों के बल चलो, दिल को साथ ले चलो
आरी जाम के इश्क़ का रट करते चलो
मिलेंगे तुम्हें कई और, पर पुन्हूँ को श्रेष्ठ मान कर चलो

(15)

बंजर में यूँ उठी चीख, मानो कोयल की कुहू
है ये विषाद और मातम बिछड़े प्यार का

(16)

बंजर में यूँ उठी चीख मानो हंस की आवाज़
है ये विषाद और आह इश्क़ की

(17)

बंजर में यूँ उठी चीख, मानो सुर सारंगी के
लोग समझें ये औरत की आवाज़
हैं सिर्फ़ ये इश्क़ के स्वर

सुर देसी

(1)

ऊँटों ने, देवरों ने, पहाड़ों ने–तीनों ने दुःख दिये भरपूर
प्रीतम से जो मिलने निकली, माना इनको भी सुख

(2)

पहले ऊँट चिल्लाते, चुप्पी साधी जब आयी मेरी बारी
जब बाँधी गयी उन पर काठी, चूँ न की दुष्ट प्राणियों ने
होगी कोई साँठ-गाँठ उनके और चालकों के बीच

(3)

देवर मेरे थे मेरे ख़िलाफ़, तो क्या हो जाता
मेरी क़िस्मत ही थी मेरे ख़िलाफ़, वर्ना
ऊँटों और चालकों से न बदलते मेरे दिन
क्या मजाल इस कमीनी की जो करे नियति का सामना?

(4)

रिश्ते बनाओ अपने वतन वालों से
परदेसी क्या बनेंगे तुम्हारे अपने?
की कमाई, सामान बटोरा, चल दिये अपने देस

(5)

ऊँटों, देवरों, पहाड़ों से मैं पीड़ित हुई
चलूँ मैं कोसों पुन्हूँ की राह ढूँढ़ते
लिखी मेरी क़िस्मत ऐसी
वर्ना क्यों भटकती दर-ब-दर

(6)

आँगन से जो तुमने अनजाने ऊँट देखे, ससुइ
तुम क्यों न उठ बैठी और न रोका उन्हें आने से
यूँ जो सुबह तक बैठती और बाँध देती उन्हें
अपने बालों की ज़ंजीरों से, ससुइ
तो ले न जाते वे पुन्हूँ को तुमसे दूर

(7)

पहले बैरी ऊँट, दूसरे उनके चालक, तीसरे देवर हुए
चौथा बैरी वायु, जिसने मिटाये पुन्हूँ के पदचिह्न
पाँचवाँ बैरी सूरज, जो अस्त हुआ और किया अँधेरा
छठा बैरी रहा पहाड़, जिसके रस्ते टेढ़े-मेढ़े
सातवाँ बैरी है चाँद, जो दिखे हल्का-हल्का
अब जब पंछियों ने ली राहत की साँस घोंसलों में
ये देखो मैं भटकती फिरती वादियों में

(8)

मेरे वर में न कोई छल
कपट है ये देवरों का
निकल जाऊँगी मैं ढूँढ़ते ऊँटों को
रेगिस्तान में
चट्टान हटो मेरी नज़रों से
हो न जाओ तुम भस्म

(9)

पहाड़ों और काली घटाओं ने की टकराहट
चट्टानी रास्ते हुए कठिन, कभी यूँ कभी यूँ
मैं ठहरी कमज़ोर, बेसहारा और अकेली इस राह पर
रहबर बनो मेरे, बचाओ इन ज़ुल्मों से मुझे साजन

सुर कोहियारी

(1)

क्षण भर न जगी तुम, बितायी रात सारी सो कर
उठो अब, जाओ प्रिय के क़रीब–यूँ बैठना न ठीक
बावली, पूरी रात बिताओ मेहमानों के संग
तुम्हारे इस तरह सो जाने से, रह गई राह में

(2)

बैठने के बाद उठे ऊँट, आलस मरोड़ी
मुबारक उन्हें कि वो जगे, तुम तो सोयी पड़ी
अब जाओ ऊँटों के पीछे, मुसाफ़िर बनो, ससुइ

(3)

ग़ाफ़िल! छोड़ो ग़फ़लत, उठो तुम, सोयी कैसे इतना, निर्लज्ज
निकले वो दबे पैर, जा पहुँचे मंज़िल तक
नैनों से कर नींद दूर, चलो, रह न जाओ बियाबान में

(4)

यूँ पैर लम्बे कर तुम जो सोयी
ससुइ, की तुमने बड़ी ग़लती
खड़ी क्यों न रही दरवाज़े पास
दोस्त की आहट से समझ न गई?
तुम क्या लगती हो पुन्हूँ की?
की तुमने उस से शादी
फिर भी सोयी रही, बावली

(5)

तुम शाम के वक़्त सो गयी
सर तक खींच ली रज़ाई
मानो लाश-सी बन गयी तुम
आया न तुम्हें आँखें खुली रखना
अब क्यों देती ताने ससुराल को, बावली

(6)

ढ़ाये तुमने कितने सितम, ओ पहाड़ो
यूँ चीरा अन्दर से मुझे, लक्कड़हारा चीरता पेड़ को जैसे
करम मेरा लाया इस चट्टानी राह पर
वर्ना क्यों चलूँ पैदल इस बियाबान में

(7)

ओ पहाड़, प्रिय से करूँगी मैं तुम्हारी शिकायत
पाँवों में पड़े छाले, तलवों से निकला ख़ून
रहम नहीं तुम्हारी रूह में, न कोई क़दर
मैं विलाप करते हुए कहूँगी–अरे, ज़ुल्म ढाये मुझ पर

(8)

दोनों बैठे रोने, दुखियारी और पहाड़
कहा न किसी से दोनों ने, प्रीत की डोर जो बाँधे उन्हें

(9)

ख़ूब रोये जब दुखियारी ससुइ और पहाड़
उनका विलाप सुन, पशुओं ने मनाया मातम

(10)

छोड़ो न मुझे पहाड़ों में
ख़ुदी ने मुझे रखा पीछे
आओ साजन, भूले-भटके हैं हम
राह दिखाओ रहबर

(11)

जैसी भी हूँ, हूँ तो मैं बन्दी बलोच की
पुन्हूँ का रुतबा देखो
क्या इख़्तियार मुझ कमीनी का
असल से मैं आरी जाम की, बँधा उनसे मेरा दामन
मैं छोटी उस जूती से जो पहने अपने पैर
कैसे रहूँ मैं उनकी सोहबत में, बताओ?

(12)

चाहे जियूँ चाहे मरूँ, हूँ तो बलोचियों की कनीज़
इनसे नाता बाँध के ससुइ ने जाना संसार
शर्मिन्दा कर दिया प्रिय ने
पर जाना तो है मुझे वहीं

(13)

फ़ना हुई मैं जिन पर, दिखे क्या वे तुम्हें?
तन में ताकत नहीं, भैया
सिर्फ़ उनके कष्ट झेल रही हूँ
बात जो आगे बढ़ चुकी है

(14)

हक़ीक़त इस हाल की, जो ज़ाहिर करूँ ज़रा
चुप्पी साध लेंगे सब पशु-पक्षी, ग्वाले होंगे गुम
चट्टानें जल उठेंगी, जलेंगे पेड़ और पौधे

(15)

प्रिय के लिए कैसे मैं रोऊँ? जानूँ जो मैं ये बात फैलाना
अन्दर में आहें भरूँ, ख़ुमार अपने साथ लिए
पीड़ा की रीत-भात अलग है बलोचियों में, मियाँ

सुर हुसैनी

(1)

पीछे न हटना सूरज के अस्त होते
हारो न हिम्मत, सूरज की ललाई चाहे हो सामने
बढ़ो इस तेज़ सूरज की ओर
प्यारा प्रीतम वहीं कहीं

(2)

सूरज ने डूबते की देर, ससुइ ने देखे पहाड़
सय्यद कहे ससुइ से, सामान दुःखों का लिए
सर उठाये हुए, चली देखो अबला बियाबान की ओर

(3)

मेरे बैठे लुप्त हो गया सूरज वादियों से
कैसे ढूँढ़ूँ साजन, जब पाँव ज़मीन पर
नाता बना दुःखों से मेरा, ओ सखियो

(4)

सखियो, सन्नाटा छाया चारों ओर
ख़बरदार, जो चलीं तुम मेरे संग
पानी नहीं, पैदल मीलों तक
बस छाया हर तरफ़ रूठा-सा रेगिस्तान
तड़पीं जो तुम पानी बग़ैर
तोहमत न देना मेरे प्रिय को

(5)

ससुइ! सुनी कोई आवाज़ या हाथ उठाये यूँही?
सैकड़ों ससुइयाँ भटकतीं अपने साजन के वास्ते
बलोचियों की सन्तानों ने न दिखाया रहम

(6)

माँ, कुछ तो धरती गर्म अपनी गर्मी से
कुछ जलन मेरी अपने साजन के लिए
दोनों ज्वालाओं के बीच तपती, जलती, चलती ससुइ

(7)

सर पर सुलगे आग पुन्हूँ की और देती तुम ताने
जानती नहीं तुम सच, आओ मेरे साथ
सुनाऊँ तुम्हें अपने दर्द की दास्ताँ

(8)

देखो आँसुओं की धारा बहती बरखा जैसे
समझा मैंने इसे प्यार, पर ये धधकती आग है

(9)

पूनी मत पिंजाओ मेरे बारे में सोचकर, माँ
मैं तो कहूँ, लात मारो चरखे को
पानी में डालो पूनियाँ सब की सब
काता जिसके लिए
हरजाई वो पहाड़ों की ओर चला गया

(10)

रूह ने बिसारा जो बालम
तो रेगिस्तान की लू से मरना बेहतर
क्यों न थार की ज़मीन पर साँस छोड़ूँ
चातक की तरह

(11)

लानत हो उनकी बोली पर, लानत हो जतों की ज़ात पर
कहा मुझसे ढूँढ़ने को और ख़ुद चट्टानों में गुम

(12)

गर्मी हो, या हो सर्दी, नहीं वक़्त ये रुकने का
जो हो गया अँधेरा, पदांक प्रीतम के होंगे गुम

(13)

ज्यों-ज्यों तपने लगा दिन, त्यों-त्यों ससुइ के क़दम बढ़े
है ये प्रीत जन्मों की, इस ब्राह्मण लड़की की बलोची से

(14)

जी रही हो तो जलती रहो, नहीं चारा जलने के सिवा
धूप हो या घने साये, वक़्त नहीं है बैठ जाने का

(15)

भंबोर के सुखों ने दूर किया मेरे प्रीतम को मुझसे
अब दुःखों के सहारे मैं चली पर्वतों की ओर

(16)

बहनो, दोज़ख़ का धुआँ इस भंबोर में
ससुइ, ढूँढ़ो रहबर और वक़्त पर निकल पड़ो

(17)

बहनो, भागो भंबोर से, बचाओ जान
दर्द उठाये सैकड़ों ने इधर तुमसे पहले

(18)

ऐ सखियो, भंबोर से ये उजड़ जंगल भला
वर्ना दु:खों से डरी हुई मैं कैसे यहाँ तक आती

(19)

सवेरा होते साजन चल पड़े, शर्मिन्दा हुई मैं
भंबोर ही तो था जहाँ पहचानी उन्होंने ज़ात मेरी

(20)

अगर मैं होती उनके ख़ानदान की
तो करती शिकायत अपने देवरों से
अदब की मारी, मैं न कुछ बोली
माँ, मेरी ज़ात न जँची इन लोगों को

(21)

जगी न तुम उसके साथियों संग, अब काहे रोये?
वे सब उठ चल पड़े, तुम सोयी पड़ी नादान

(22)

पहाड़ बने मेरा बिस्तर, पत्थर बने गद्दा
जहाँ बितायी रात मैंने, जानवर बने मेरे साथी
चाह लगी ऐसी साजन की, डोली बनी चट्टानों से

(23)

माँ, मुझे मार डाला हुसैनी के दर्द भरे सुरों ने
दिन में पीड़ा होये ढूँढ़ते-ढूँढ़ते, रात ज़ख़्म गहरे बनें
मैं घबराऊँ, हो न जायें हम जुदा एक-दूसरे से

(24)

जो फ़िराक़ में अहसास होते, सो न होते मिलाप से
आये जो वे मेरे पास, और भी दूर हुए प्रिय

(25)

दुःख सुखों के आभूषण, छोड़ूँ मैं सुख दुःखों के लिए
जब मैंने पाया बिरह महबूब से, मुलाक़ात हुई उनसे

(26)

अगर पाना है तुम्हें साजन, तो छोड़ो ये परहेज़ की चिन्ता
जिन्होंने देखा बलोच को, दूर हुए वो सब दीन से

(27)

आज नहीं तो कल मरना ज़रूर
तो फिर क्यों न मरूँ इस मार्ग पर
लगे तोहमत मौत की प्रीतम को

(28)

हाय! पुन्हूँ बढ़ने लगा आगे, मैं भी उठाऊँ क़दम
वर्ना बलोच न कह दें, 'कमीनी से न हुआ'

(29)

केच में न जाये ख़बर मेरी ज़ात की, मौला
वर्ना पुन्हूँ को होगी शर्मिन्दगी मेरी वजह से

सुर लीला चनेसर

(1)

धधकती आग में डाल दूँ ज़ेवर, हार सौंप दूँ ज्वालाओं को
ऐ सुन्दरी, शाह कहे, कैसे मिले तुम्हें चैन?
राजा बड़ा बलवान, रूठ जाये जल्दी से
चारों तरफ़ है रुबाब चनेसर राजकुमार का
जिस ठाकुर को देखते मिलता सुकून
तुमने उसे छोड़ा ज़ेवरों की एवज़

(2)

देख ज़ेवरों की चमक बनी मैं बावली
सोचा जीतूँगी मैं नवलखा इस बाज़ी में
बनाऊँगी उसे मेरा
कौनरू ने की चालाकी और मैं हार बैठी

(3)

न बाँहों में न गले में पहना कोई ज़ेवर
न मांग बनायी, न डाला सुरमा
न किया सिंगार कोई
थी मैं यूँ बिन सजाई
इसलिए बनी प्यारी प्रीतम की

(4)

कानों में सोने की बालियाँ डालीं
गले में गहरे रंग का हार
कलाइयों पर डाले बाजूबन्द
डाला बालों में तेल
मांग में भरा सिन्दूर भी
पर प्रीतम ने नज़र तक न डाली

(5)

लीला तुम थी बड़ी होशियार
सुध न हुइ साजन की?
तुमने सोचा हार पहन मैं बन जाऊँ ख़ूबसूरत
झूठी पत्नी न पसन्द पति को
चाहे करे वो सोलह सिंगार
चनेसर परख़ता दिल को

(6)

मैं थी पटरानी चनेसर के दरबार की
नगाड़ों और ढोलों से होता मेरा स्वागत
मेरे प्रीतम ने धिक्कारा मुझे
बन गयी मैं बेआबरू

(7)

अगर मैं हूँ नादान
तो तुम पहचानो ख़ुद को प्रीतम
तुमने तो हमेशा
ऐब छिपाये
गुमराह इन्सानों के
प्रिय मेरे, तुम्हारी महिमा ऐसी
तुम ढकते हमारी भूलें

सुर मूमल राणो

(1)

कल हमें मिला एक भटकता भिखारी-सा योगी
सर पर थी उसके पगड़ी, गले में पहना था हार
उस फ़क़ीर के चेहरे को देख दिल में चोट लगी

(2)

कल हमें मिला एक योगी, पेशानी चाँद जैसे उसकी चमकती
उस बैरागी फ़क़ीर ने जगाईं हममें अनगिनत इच्छाएँ और तड़प

(3)

सूर्योदय के बाद के पहर में, मिले हम एक योगी से
उस तेजस्वी चेहरे पर छायी थी गहरी उदासी
कहा उसने रोते-रोते, 'मूमल को देखने के बाद लौटना मुश्किल'

(4)

कल हम मिले एक योगी से, मिट्टी से लथपथ उसका बदन
हरा दुशाला उसके कन्धों पर, गले में माला सोने की
बताओ तुम सच, मूमल का है क्या मिज़ाज

(5)

फ़क़ीर गया रेगिस्तान में, उस पर चढ़ा कैफ़
काक महल की बात सुनाते, उसके बहे आँसू झर-झर
कुछ ऐसी बात छिड़ी, ज़ख़्म हुए उसके ताज़ा

(6)

योगी था इश्क़ के ज़ेवरों से सजा हुआ
वह तेजस्वी पुरुष लग रहा था परवाने जैसा
वह लौटा था काक महल से
लाल रंग चढ़ाया था राजकुमारियों ने उस पर

(7)

प्यारे लँगोटिये योगी! कैसी दिखीं गुर्जर लड़कियाँ?
तुम बहा रहे हो ख़ून के आँसू, पर बताते क्यों नहीं
तुमने कैसी ख़ूबसूरती देखी अपनी आँखों से?

(8)

गुर्जरी की आँखों में बसी लोहे की कुल्हाड़ी
उनसे वह करती प्रहार राजकुमारों पर
देख आओ जाकर कितनी क़ब्रें फैलीं काक महल के पास

(9)

चलो चलो काक महल की ओर
वहाँ बसता इश्क़, न कोई वहाँ रोक-टोक
सब को मिले दीदार प्रीतम का

(10)

चलो-चलो काक महल की ओर, जहाँ इश्क़ की शुरुआत
न वहाँ दिन न रात, सब को मिले दीदार प्रीतम का

(11)

गुर्जरी ने किया कइयों को घायल
अब हुई वो ख़ुद घायल
धीरे से बाण जा लगा उसके सिर पर

(12)

आओ राणा, रहम करने वाले! तुम हो ख़ुदा धरती और अन्न के
जो सोढा, तुम्हारी सोहबत को तरसती सुहागन औरतें
ओ काक महल के मालिक, साथ न छोड़ना मेरा

(13)

सोढे ने ले लिया सर, अब बचा महज़ पिंजर
मेरी रूह तरसती सोढे की सोहबत के लिए
इन आँखों से दिखे सिर्फ़ तुम, नहीं कोई और नज़र में

(14)

अगर मैं जानती तुम्हारी ख़ामोशी की वजह
तुम्हारा सब्र प्रीतम अब दिखा रहा रास्ता मूमल को

(15)

राणे से मिल कर आया एक योगी
कस्तूरी ख़ुशबू छायी पूरी ज़मीन पर
बस वहीं से आया था वह गुरु

(16)

रात को आया सन्देसा राणे का
हमें मिली, कहे लतीफ़, नेमत रहमदिल से
काहे पूछी जाये ज़ात-पात? जो आये सदा आये

सुर मारुई

(1)

'क्या मैं तुम्हारा रब्ब नहीं हूँ?'
शब्द ये जब कानों पर पड़ा
तो बोल उठी मैं दिल-ओ-जान से, 'हाँ'
उसी वक़्त खायी क़सम अपने क़बीले की

(2)

जब कहा 'हो जा' और जब 'हुआ'
तब से मैं जुड़ी अपने मारु वतन से
ओ सुमरे, कैसे डालीं तुमने ज़ंजीरें मुझ पर
उमर ने बेकार में बाँधा ज़ंजीरों से मुझे

(3)

जब न 'हो जा' और 'हुआ' न था
जब चाँद की कोई तस्वीर न थी बनी
जब सवाब और पाप का था न कोई आभास
तब, कहे लतीफ़, समझी वह जटिल राज़ को
प्रीतम पहचाना तुमने दिल और निगाहों से

(4)

बहनो, ये बिस्तर, ये मकान और जगह
जला कर राख कर दूँ अपने वतन के वास्ते
हर चीज़ लौटती अपनी असलियत को
काश मैं लौटती अपने मारु को
देखती मुल्क मलीर का

(5)

कोई पथिक न कोई भाई आया गाँव से
न कोई सन्देश, न कोई ऊँट चालक सामान देने
कौन लायेगा मेरे लिए कोई चिट्ठी या सन्देश?

(6)

सौ-सौ थिगड़े हैं मेरी चोली पर
मेरा दुशाला फटा हुआ, चिथड़े हुए हज़ार
ओढ़ा न दुशाला मैंने जो मेरे लोगों ने था बुना
सोचा, मैं तो हमेशा उनके संग
परवरदिगार, ढक लो मुझे मारु के दुशाले से

(7)

सौ-सौ थिगड़े हैं मेरी चोली पर
मेरा दुशाला फटा हुआ, चिथड़े हुए हज़ार
न बाल सँवारे, न बनायी चुटिया
मैं चाहूँ सिर्फ़ मारु, न कुछ देखूँ, न सँवारूँ
इस हाल में हमीर लौटाओ मुझे झाड़ियों में

(8)

पहने न रेशम के कपड़े मारु की ख़ानाबदोश औरतें
लाख से रंगे कम्बल ख़ूबसूरत दुशाले से बेहतर
अन्न से बने कपड़े रेशम और मख़मल से बेहतर
सुमरा, उनका बनाया कपड़ा इस रेशमी शाल से बेहतर
जो मैं हटाऊँ अपनी क़ौम के कपड़े तो मर न जाऊँ शर्म से

(9)

सगाई के धागे जो मारु के लोगों ने पहनाये
कि हैं वो मेरे लिए जैसे सोना और मोती
मत पहनाओ उमर मुझे रेशम और मख़मल
पुश्तैनी सूती कपड़ों का हर एक धागा नेमत है

(10)

तुम्हारा तेल मैं हरगिज़ न लगाऊँ
अपने बालों पर, बाँहों पर
मेरे दिल पर छाया मारु का तेल
नहीं सुनना कुछ और मुझे
भरोसा सिर्फ़ एक में

(11)

मारु की औरतें पहनती काँच के कंगन
फ़ख़्र है उन्हें काँच पर,
चाहे दुनिया को हो शर्मिन्दगी

(12)

अगर वतन की फ़िराक में मैं चल बसूँ
तो करना न मुझे क़ैद, उमर सुमरा
इस परदेसन को रखना न दूर प्रिय से
थर की ठंडी मट्टी डालना इस दुखियारी पर
जब हों ख़त्म साँसें मेरी, लाश ले जाना मलीर

(13)

अगर वतन की फ़िराक़ में मैं यहीं मर जाऊँ
मेरी लाश ले जाना सुमरा, मेरे अपनों के पास
लौटाना मेरे शव को मेरी पुश्तैनी जगह पर
मर कर भी मैं जी लूँगी, ले जाओ जो तुम मलीर

(14)

जैसी आयी थी वैसी जो मैं लौटूँ अपने मलीर
तो झूम-झूम बरसेंगे बादल वहाँ की ज़मीन पर
यहाँ आ कर बन गयी मैं गुनहगार
गिर गयी मैं अपने साजन की नज़रों से
कैसे उठाऊँ सिर मैं मारु मुल्क में?

सुर कामोद

(1)

तुम हो सम्मा राजकुमार, मैं ऐबों से भरी मछुआरों की ज़ात
रानियाँ देख ठोकर न लगाना इस कमज़ात को

(2)

तुम तमाची, इस बन्दर के मालिक
मैं मछुआरों की ज़ात की लड़की
अपना नाम देकर अब न ठुकराना

(3)

तुम तमाची, इस बन्दर के मालिक
मैं ग़रीब गंदिरी ज़ात
मैं अब तुम्हारी हूँ, राजा
मेरे लोगों पर न लगाना महसूल

(4)

वो हैं काली-कलूटी, न सूरत न सीरत
बैठें वो रास्ते के बीचों-बीच
लिये टोकरियाँ मछलियों की
ऐसी बदबू, बदसूरती कौन करे बर्दाश्त
सिवाय सम्मा राजकुमार के?

(5)

न काटती, न बेचती, न मारती, न करती मच्छियाँ जुदा
फेंकी टोकरी कुँए में, अपने आप से, होशो-हवास में
अब वह करती वही जो सुहाता प्रीतम की शान में

(6)

नूरी के मन में न नाज़ न गुमान
रिझाया राजा को नैनों से
जीता उसका दिल सहजता से

(7)

नूरी को नवाज़ा तमाची ने
अपने रथ में मछलीवाली को लेकर बढ़ाया ओहदा
कींझर के लोग कहें
बात ये सौ आना सच्ची

(४)

हाथों में हीरे पहने, वो बैठती मछुआरों के संग
जब तक है तमाची, नूरी को नवाज़ा जायेगा
तमाची ने हटाये बदबू के बादल, फैलाई ख़ुशबू
अन्धे, लूले, लंगड़े, सब आयें जब बुलाये तमाची
देखो दिलदारी इस जवान की, कोई नहीं कंगाल
दिये ख़ज़ाने कमीनों को, मानो पहली नेमत
लिए उसने मोती और बिछाये जैसे कौड़ी सीप
माणिक बिछाये मच्छियों की दुकानों में
दान किया सोने का और खेल खेले चाँदी से
मोती दिये ख़ैरात में, फ़ीरोज़े बाँटे फ़क़ीरों में
देखो, कहे लतीफ़, कैसे दे दिये अनमोल नगीने

सुर घातु

(1)

जो माहिर थे वे बौखलाये
जो बहादुर थे बने मूरख
बह गये पानी की तरंगों में
एक हुए सागर से
क्या माज़ी, क्या भविष्य
सब ख़याल बिसर गये

(2)

कलाची के भँवर में जो गया उसको कौन बचाये
किसे ख़बर कि कैसे जा अटकी?

(3)

पगड़ी पहने मल्लाह गये कलाची कल
बड़े भाले लिए चले भँवर की ओर
भाई लौटे नहीं, साथियों की आहट नहीं
ऐसी अनमोल संगत घुल गयी सागर में

(4)

ढूँढ़ते-ढूँढ़ते समन्दर की गहराई वे गये
उतर पानी की रफ़्तार देखी
पर पकड़ लिया मगरमच्छ को
मल्लाहों के चेहरे पर छा गयी ख़ुशी

सुर सोरठ

(1)

अल्लाह की आस लिए चल पड़ा चारण
लगाये अपने साज़ पर गुच्छे और घंटियाँ
दूर दिखाई दिया उसे महल राय दियाच का
की बिनती आँखें मूँद कर ईश्वर से
'प्यारे नाथ, राय को रिझा सकूँ राग से'

(2)

'परदेस से आया मैं पैदल
तुम गगन में विराजमान हो
मैं मामूली सा इन्सान ज़मीन पर खड़ा
कैसे रिझाऊँ तुम्हें
ये माँगणहार माँगे सिर का सौदा'

(3)

परदेस से आया मैं पैदल, सुनकर तुम्हारी शान
माँगणहार किस मति से माँगे?
वो है बिल्कुल नादान
ऐसा देना कोई दान
तमन्नाएँ सब तृप्त हों

(4)

सर्दियों में मैं सलामत नहीं
गर्मियों में मैं पिघल जाता
हिफ़ाज़त करना इस मिस्कीन की
जब बजाये वो साज़ अपने
मेहारबान उस पर होना जैसे
ईश्वर हुए इब्राहीम पर

(5)

ओ राजा, तेरे दर पर आया तेरी जान लेने
आग है दहकती हुई–बचा लेना मुझे
परवरदिगार तुम्हें भी जगह दे जन्नत में

(6)

सब दर छोड़कर मैं तेरे दर आया
ओ सोरठ के सुहाने शौहर
मेरी लाज रखियो
नेक राजा, इस माँगने वाले की झोली भर दो

(7)

जूनागढ़ से आया एक माहिर साजिन्दा
सारा शहर झूम उठा जब छेड़े उसने तार
दासियाँ पड़ गयीं असमंजस में
रानियाँ लगीं रोने
माँगणहार ने अपने साज़ से कहलवाया
'ख़ूँख़ार शिकारी है ये चारण'

(8)

नम्र बीजल ने नियाज़ से साज़ के स्वर छेड़े
मशहूर राजा ने उसकी विनती सुन बुलवाया
आयी शुभ घड़ी जब चारण ने बताया राजा को राज़
'मैं अहमद हूँ बिन मीम के'–कहा चारण ने
सिर्फ़ कुछ समझ पाये कि दो से हुए एक

(9)

सर की उम्मीद लेकर चारण आया अपने घर
न लीं उसने अशर्फ़ियाँ और न लिए माणिक
वो कहे, 'तुम्हारे दर आया क्योंकि
सीखा न तुमने कभी ना कहना'

(10)

उसने कहा, 'मैं मिरासी माँगणहार
गाता मैं पुश्तैनी गीत'
राजा बोले, 'तो अपने वारसे
में से सुना दे कुछ'

(11)

कुछ सुना दो, ओ बीजल
सुनूँ मैं वो जो तुमने गाया गिरनार में
क्या तुम वापस आओगे लम्बे सफ़र पर, माँगणहार
या तुम रुकोगे इधर अपना इनाम लेने?

(12)

बीजल कहे, 'मैं न लूँगा दान
न जाऊँगा वापस घर
मैं तो आया राज़ की बात कहने
चुपके से तुम्हें कह दूँ, राजा
ये समझ लो सोरठ के वर
मैं आया तुम्हारे लिए'

(13)

बीजल ने कुछ गाया जब भई भोर
रंगमहल में बैठे राजा के आनन्द का न था पार
'यहाँ आओ, चारण, बजाओ साज़ इधर
क़ुर्बान करूँ लाखों तुम पर
रख दूँ तुम्हारे चरण
कहे लतीफ़, आओ मेहमान
दे दूँ तुम्हें सिर मेरा'

(14)

ये सिर्फ़ दिलदार राजा और माँगणहार
और न कोई उनके बीच
जो धुन थी साज़िन्दे के तारों पर
वही बात थी चारण के ज़ेहन में
चाहे यहाँ, चाहे वहाँ
बात थी सिर्फ़ एक ही

(15)

चारण, बोली बोलो कुछ और निछावर कर दूँ सब कुछ
ये महल और सोरठ न होंगे काफ़ी तुम्हारे तारों की तुलना
बात कहूँ मैं राज़ की, आओ मेरे पास
सर काटूँ क्या मैं धड़ से या
दे दूँ, चारण, पूरा का पूरा

(16)

'गिरनार का गुल झड़ गया'–पाटन की औरतों ने किया रुदन
सोरठ जैसी हज़ारों उठीं और किया मातम
बाल सँवारे राजा के, दिया सिर चारण को
'राजा ने छोड़ा वतन'–कहें औरतें सारी

(17)

सोरठ मर गयी, छायी शान्ति, मिला करार
बाँधे राजा ने तम्बू और चल पड़े स्वर्ग की ओर
राग वही, रूप वही, तार खनक उठे साज़ पर
देखो ख़ुशी छायी चारों ओर, राजा को मिला आराम

सुर केदार

(1)

मुहर्रम का चाँद लौटा, पर आये न इमाम
मौला दिखा दे मुझे मदीने के शहज़ादे

(2)

शहज़ादे गये मदीने से, लेकिन लौटे नहीं
ओ रंगरेज़! रंगना कपड़ों को काला
मैं तड़प रही उन मुसाफ़िरों के लिए
जो निकल पड़े शहादत की राह पर

(3)

शहादत की सख़्ती, उसकी तरफ़ से नेमत है
करबला के वाक़िये का राज़ जानें सूफ़ी-ज्ञानी

(4)

चाँद डूबा, मदीने के शहज़ादे निकले जंग करने
साथ लिए ढोलक, नगाड़े, कटारें और कुल्हाड़ियाँ
अली के बेटे लड़ेंगे जंग हथियारों से

(5)

करबला की ज़मीन पर लगाये तम्बू उन्होंने
यज़ीद का किया सामना, जोश से की जंग
तलवारों की धार देख, पीछे न हटे शहज़ादे

(6)

करबला में आये शूरवीर कामिल जवान
हिली धरती, काँपी ज़मीन
मचा कोलाहल आसमान में
ये न थी सिर्फ़ जंग
नज़ारा था ये मालिक का

(7)

क़त्ल करवाता दोस्तों का, मरवाता दिलबरों को
सितम ढाता उन पर जो हों उसके ख़ास और क़रीब
वो है बेपरवाह, जो चाहे सो करे, ऐसा है मालिक
इसमें समायी कोई गहरी बात, राज़ है यही

(8)

देखा कल किसी ने अपनी आँखों से
इन शूरवीरों को लड़ते हुए?
हाथियों की हड्डियाँ कटी, बही उनके ख़ून की नदियाँ
ये हैं वो वीर जो चाहते जान पर जोखिम

(9)

सैकड़ों लाशें आ रही हैं झूलती झोलियों में
वीरों की पत्नियों ने डाली मुट्ठी भर मिट्टी
वो चीखीं, चिल्लायीं पीट-पीट कर छाती
गूँज उठा आसमान रुदन से
जंग जैसे कोलाहल से

(10)

भोर भये आया एक पंछी करबला से
गया वो रसूल के रोज़े पास और आवाज़ दी
'देखा मैंने चमकती, मचलती तलवारों को
अरबिस्तान के मेरे, मदद करो वीरों की'

(11)

हसन नहीं हुसैन के क़रीब
न कोई साथी न दोस्त
शहज़ादों के घर मीलों दूर
यज़ीद, इसलिए किये तुमने इतने ज़ुल्म?

(12)

उसकी दाढ़ी ख़ून से रंगी हुई
दाँत अनार के फूल जैसे लाल
उसकी पगड़ी चौदहवीं के चाँद जैसी चमके
जिसे दी वो हाज़िर होगा रसूल के पास
माँ कहेगी फ़ख़्र है अपने वीर बेटे पर
शाबाश शूरवीर, जंग में तुम्हारे हुए पुर्ज़े

(13)

जन्नत में है जगह उनकी जो
बने शूरवीर और चल पड़े फ़िरदौस की ओर
फ़ना हुए वे और बने अल्लाह के प्यारे
रब्ब, मेहारबानी करो मुझ पर ताकि दीदार हो उनका

(14)

हसन, मेरे हुसैन का–तीन टोलियों ने किया रुदन
परिवार के लोगों, जंगल में रहते जन-जानवरों
आस्माँ में रहते फ़रिश्तों
पंछियों ने पीटीं छातियाँ
अल्लाह, शहज़ादों की सुनहरी गाथा रहे हमेशा

सुर सारंग

(1)

देखो, आसमान में कैसे बादल छाये, कहे लतीफ़
पानी की बड़ी-बड़ी बूँदें गिर रही हैं
ऐसे में मालधारी तुम लिए अपने झुण्ड
छोड़ो नीचे की धरती, जाओ पहाड़ों की ओर
भरोसा न छोड़ना अल्लाह का

(2)

देखो, भर दिया अल्लाह ने आसमान को बादल से
लतीफ़ कहे, मैदान हो गये ताज़ा और रंगीन उसकी नेमत से
गिरती बौछारें लायीं नयी उम्मीदें चरवाहों के दिल में

(3)

आज बादल उत्तर में यूँ लहराये, जैसे काले केस
पहने लाल लिबास बिजलियाँ आयीं, जैसे दुल्हन नयी
प्रीतम तो है परदेस, पर बरसात ने करवाया मिलन

(4)

ज़मीन पर बरसा, थर पर बरसा, बरसा जहाँ जैसलमेर
घटा छायी काली और भीगने लगा रेगिस्तान
लतीफ़ कहे, औरतों ने की राहत महसूस
पथ बने ख़ुशबूदार, ख़ुश हुए चरवाहों के घर

(5)

मेघा और नेहा, लगें लफ़्ज़ एक जैसे
जो सावन पहनता पानी का लिबास
बादल फिर झूम उठे
जो तुम भी करो आने का वादा
मैं झूमूँ बादल जैसे

(6)

काली घटाएँ लौटीं फिर एक बार और बरसाया पानी
हर तरफ़, चारों दिशाओं में बजाया नाद बिजली का
कुछ घटाएँ उठीं और गयीं इस्तांबुल तरफ़, कुछ गयीं मग़रिब
कुछ बिजलियाँ चमकीं चीन में, कुछ ने सँभाला समरक़न्द
कुछ गयीं रोम, कुछ काबुल, तो कुछ कंधार
कुछ गयीं दिल्ली, कुछ दक्खन, कुछ बरसीं गिरनार
कुछ व्यस्त हुईं जैसलमेर में, कुछ बरसीं बीकानेर
कुछ ने भिगोया भुज को, कुछ उतरीं धात रेगिस्तान पर
कुछ गुज़रीं उमरकोट से और बनायी ज़मीन सब्ज़
मालिक, सदा करना सिन्ध को प्यार
दोस्त औ' दिलबर, करना आबाद सारा आलम

सुर आसा

(1)

ढूँढ़ूँ उसे अनहद में, हद न पाऊँ हादी की
प्रीतम की सोहनी सूरत का न कोई क़द न नाप
इधर लगी चाह बेहद, उधर प्रिय को परवाह नहीं

(2)

भाड़ में जाये ये द्वैत, प्रीतम दूर करो मुझे अपने आप से
पीछे हटाओ इस 'मैं' को, सिर्फ़ तुम्हें 'तुम' पहुँचे, प्रभु

(3)

जब-जब देखा ख़ुद को, तब-तब न हुए सज्दा
खोयी ख़ुदी जब तुमने, करो तकबीर तब तुम

(4)

जब-जब देखो ख़ुद को, तब-तब न होये नमाज़
खोये सब साज़ तुम्हारे, करो तकबीर तब तुम

(5)

अगर उगते सूरज में न दिखे प्रिय
निकालो उन दो आँखों को
दे दो कौवों को

(6)

आँखें वही रखो जो दिखायें प्रिय
मत घूरो किसी और को, प्रिय को ईर्ष्या होये

(7)

जहाँ 'होना न होना' की बात न समझे महज़ इन्सान
जानिब का जमाल दूर है
देखती और अनदेखी नज़रों से

(8)

हैरान हुआ हौसला, काम न करे अक़्ल
जो हुस्न माँगो हक़ीक़ी का, अन्धी आँखें अक़्ल की
लगें न किसी काम

(9)

ऐसा नहीं है ईमान तुम्हारा, कलमा पढ़ने से न होते मुसलमान
दग़ा है तुम्हारे दिल में, शिर्क और शैतान
बुतपरस्त अन्दर से, बाहर से मुसलमान

(10)

कुफ्र भी तुम्हारा झूठा
मत कहो काफ़िर अपने आप को
हिन्दू तुम हरगिज़ नहीं
क़ाबिल न तुम जनेऊ के
तिलक लगायें सिर्फ़ वो मस्तक पर
सच्चा जिनका ईमान

(11)

'मैं' बनती है मुझ में
क़ाबिल बनता मैं उस 'मैं' से
अगर आगाह हो अन्दर से
मुझ से बने 'मैं'
'मैं' कहना तो सिर्फ़ उन्हें मुनासिब
तुम लोग न कहो 'मैं'

(12)

तन जिसका तस्बीह
मन मणका, दिल वीणा
तार बजे तलब से
एकाई की ओर बजे
वही मेरा रब्ब है
यही राग रगों में
वो सोते भी जागृत है
सोना उनकी इबादत

सुर रिप

(1)

विरह की धारा अन्दर बहती, दिखे न उसके हाथ-पाँव
क़तार बनाती पीड़ा बदन में
मेरी तरह कौन यूँ दर्द सहे अकेले साजन के बग़ैर?

(2)

राज़ उन्हें सुनाओ जो समझें राज़ों को
आँसू बहा कर दिखाओ मत राज़ दुनिया को
सँभालो आँसू तब तक
जब तक न मिलता पोंछने वाला

(3)

बादल बसे मेरे सिर में
घटाएँ आँखों से न जायें
प्रीतम ने बनायी बाढ़ दिल में
जानम, ख़बर ले आकर मेरी
मैं विरह की मारी हूँ

(4)

जब याद करूँ तो आ जाये याद
बस बैठते हृदय के अन्दर
जब भुलाऊँ तो न जाते कहीं
साजन दु:खती रग जैसे हैं

(5)

मेरे ख़याल बढ़-बढ़ कर बन गये पेड़
मैं न कह पाया किसी से, मुझे न मिला पल प्रिय से

(6)

प्रीतम के कई रंग, जैसे चोली रेशमी और रंग बिरंगी
दीवाना बनाते मुझे, कैसे मैं भूलूँ उन्हें

(7)

भट्ठी से सीख प्यार करना
जले वो पूरे दिन
पर निकलती न कोई भाप

सुर रामकली

(1)

जहाँ में जोगी हैं जमाली और जलाली
उनकी सोहबत से बनती रौशनी
मैं न जियूँगी उनके बग़ैर

(2)

जोगी इस जहाँ में रहते इश्क़ की ज्वाला में
आराम से वो दूर हुए, ठुकराया राहत को
मचाया कोलाहल मुझ में उन्होंने
मैं न जियूँगी उनके बग़ैर

(3)

सुनो! बैरागियों को न पल भर भी बिसराना
क़दम उनके ढूँढ़ना, करना जद्दोजहद
ढूँढ़ना वो पगडंडियाँ जिन पर वो चले
जहाँ-जहाँ वो जायें जाओ तुम भी वहीं
मैं न जियूँगी उनके बग़ैर

(4)

बैरागियों का बाजा मुझे बड़ा प्यारा
बाजे के सींग सोने से बने
पर कहो न कुछ उन्हें धन के बाबत
बैरागी तो हैं अलिप्त सब से
ये जोगी तो तुम्हें भरोसा दिला कर
चल पड़ेंगे पूरब की ओर
देखो किया उन्होंने इशारा चलने का
मैं न जियूँगी उनके बग़ैर

(5)

बैरागियों की मुरली मुझे बड़ी प्यारी
उन्हें न कोई रुचि बातों में, न गुफ़्तगू में
उनको तो है हासिल रूहानी मस्ती
मैं न जियूँगी उनके बग़ैर

(6)

बाँध दो रस्सी से मुझे, या ले जाओ संग
जोगियों की ज़िन्दगी के कई राज़ मिलें उनके साज़ से
अब किया है उन्होंने मुझमें बसेरा
मैं न जियूँगी उनके बग़ैर

(7)

जोगी नहीं दिखे आज अपने आश्रय पर
ख़ुदी को ख़त्म कर चल पड़े वो
ज़मीन से ग़ायब उनके पैरों के निशान
हाय हाय! मैं रो पड़ी उनके आशियाने पर
मैं न जियूँगी उनके बग़ैर

(8)

नंगे फ़क़ीर गये हिंगलाज देवी की ओर
शिव के भक्तों को हुए द्वारका के दर्शन
रास्ता दिखाया अली ने
मैं न जियूँगी उनके बग़ैर

(9)

पहले दिन जोगियों बाबत एक बात जानी
उनकी सेहत एक पल न थी दुरुस्त
हर पल वे थे दर्द से चकनाचूर
कहे लतीफ़, संन्यासी रहते पीड़ा में सदा
जोगी किसी ख़ास सबब से, छिपे हुए लोक से

(10)

दूसरे दिन बैठ सुना बैरागियों का हाल
धूल-मिट्टी से सने उनके कपड़े
जटाओं पर बाँधे टूटे हुए धागे
बेचारे अपने वजूद की बात न कहते किसी से
नंगे फ़क़ीर हैं निहाल, छिपे हुए लोक से

(11)

तीसरे दिन वे सुलगाते आग आशियाने में
कट्ठी करते तीलियाँ, पत्ते और टहनियाँ
जोगी जानते आग को सुलगाना
राज़ न बताते किसी को, छिपे हुए लोक से

(12)

चौथे दिन वे डूबे हुए हैं गहरी सोच में
अपनी बैसाखियों के सहारे चलते हुए
प्रीतम के ज़ेहन में कोई तूफ़ान सा है
वे सोना बन चुके हैं, छिपे हुए लोक से

(13)

पाँचवें दिन किसी चिन्ता ने किया उन्हें परेशान
जोगियों पर हुआ दर्द सवार
वे उतरे इश्क़ के मैदान में
उनकी रात गुज़रती कराहते हुए
दीदार किया प्रीतम का, कहे लतीफ़
छिपे हुए लोक से

(14)

छठे दिन लग गये वो समाधि में
पहले से उनके ज़ेहन में हैं सिर्फ़ मालिक
जोगी लेकर राख आग से मलते अपने बदन पर
कुछ दानों की भीख माँगते, छिपे हुए लोक से

(15)

सातवें दिन, कहे लतीफ़, धोये उन्होंने कपड़े
हाथ जोड़े वे खड़े हुए अदृश्य ईश्वर के सामने
उनके हाथ लगा था पता किसी दूर नगरी का
उनकी रूहों ने बाँधा था नाता चुपके से राम के साथ
फटे हुए कपड़े उठाये, छिपे हुए लोक से

(16)

आठवें दिन जोगी उठे, खड़े हुए चल पड़े
योग की क्रियाएँ सीख ली जोगियों ने
उनके दिल में बसता सिर्फ़ राम
किसी सबब से वे हैं, छिपे हुए लोक से

(17)

जब नौवाँ दिन हुआ, उनकी आँखों में चमक थी
रहमदिल ख़ुदा ने उन्हें देखा और पहचाना
जोगियों का बसेरा वहीं जहाँ बसे नाथ
यही उनकी ख़ासियत, छिपे हुए लोक से

(18)

दसवें दिन, देखो तो कैसे सजे हुए हैं जोगी
विरह के राज़ को समझ लिया, नये पन्ने पलटाये
ढूँढ़ लिया, कहे लतीफ़, जोगियों ने गुरु पन्थ
बढ़ी उनकी गरिमा, छिपे हुए लोक से

(19)

ग्यारहवें दिन बैरागियों की क़िस्मत चमकी
उनकी यात्रा का मिला फल, आ पहुँचे तीर्थधाम
जोगियों ने चुप्पी साधी, छिपे हुए लोक से

(20)

बारहवें दिन मन की दोनों मुरादें हुईं पूरी
ख़त्म हुई उनकी मनचाही यात्रा
सन्मुख हुए गुरु से, छिपे हुए लोक से

(21)

न होने को ले चलो कन्धों पर
न बनो तुम होने वालों में से एक
कैसे कहलायें बैरागी जो
तिनका भर भी रिश्ता किसी से

(22)

उनके घुटने हैं मेहाराब
बदन उनका जामा मस्जिद
दिल उनके करें इशारा मक्का की ओर
जिस्म काबा के आसपास
तहक़ीक़ को तकबीर मान कर
किया जिस्म कबाब
हादी जिनके हृदय में
उनसे दोष और पान के कैसे माँगें हिसाब?

(23)

प्रीतम का चेहरा है मेहाराब, जहाँ सारा उनकी मस्जिद
छोड़ी उन्होंने क़ुरआन, छोड़े सच और झूठ के दायरे
अक़्ल और इरफ़ान वहाँ करते उड़ान
जब सब बना भगवान
कहाँ जाकर करूँ मैं सज्दा?

(24)

किस सबब से बैरागी चलें इस रास्ते?
वो न सोचें दोज़ख़ बाबत
न वो चाहें जन्नत
उनका वास्ता न काफ़िरों से
न हैं वो मुसलमान
वो खड़े सिर्फ़ कहें–
प्रीतम अपना बनाओ

(25)

रूह में बसता राम, कुछ और बात होंठों पर
प्याला भरा इश्क़ का और पी लिया पूरा
फिर की बन्द कोठरी और किया काम तमाम

(26)

पहना लँगोट उन्होंने, पर किया न स्नान
बाँग सुनी उन्होंने, जो इस्लाम से पहले की थी
सब संगत छोड़, जोगी बने एक गोरखनाथ से

(27)

बैठो उनके साथ जब तक कि वो हैं आशियाने में
स्वामी निकले दूर सफ़र पर, उनके चित्त में कुछ और
छोड़ अपने वतन का सुख, गंगा तरफ़ वो गये

(28)

रामकली गये दुखिया जान, सुखिया का ये काम नहीं
कोई सम्बन्ध-सगाई को रोता, कोई रोज़ी-रोटी को
रामकली का हक़ सिर्फ़ उन्हें जो भाग्य से हैं दुःखी

(29)

न अन्तरिक्ष, न ज़रा ज़मीन का जहाँ
न चाँद की चाँदनी, न सूरज का तेज
वहाँ अनुरागियों की हलचल ने मचायी धूम
दूर हुआ दूजापन और नास्ति में दिखा नाथ

सुर खाहोड़ी

(1)

गुप्त मन्त्र उच्चार कर फ़क़ीरों ने ढूँढ़ लिया नूर
लफ़्ज़ ऐसे उनके पास कि गुज़र गये वो हद-अनहद से
हुए एक आशिक़ महबूब से—सब कुछ बना एक

(2)

माँ! उन्हें मैं देख आयी, दीदार हुआ जिनको
इन महापुरुषों की संगत में दिन रात बिताये
उनकी सोहबत बनती सहारा इस महासागर में

(3)

जहाँ पंखियों का न नामो-निशां, वहाँ टिमटिमायी ज्योति
इन मस्त फ़क़ीरों के सिवाय बताओ कौन हो सकता?

सुर सिन्धी बरवो

(1)

क्यों जा रहे हो दूसरों के पास? क्यों बने सखा औरों के?
कमाओ कृपा करीम की, वही जगत का मालिक है
वही सुखी और सहज, जो इश्क़ करे अल्लाह से

(2)

दूर होकर भी क़रीब, क़रीब होकर भी लगे दूर
कभी-कभी याद ही न आता, कभी बिसरे नहीं जाता
साजन कुछ ऐसे जैसे टेढ़े-मेढ़े सींग बैल के
लिपटे यूँ वो मेरे दिल के इर्द-गिर्द

(3)

कभी करे द्वार बन्द, कभी खोल दे पट दरवाज़े के
कभी दे न आज्ञा आने की, कभी बुलाये प्यार से
कभी तरसूँ मैं एक निगाह को, कभी बताये राज़
बस ऐसे ही हैं साजन मेरे

(4)

जानिब, चाह सिर्फ़ तुम्हारी मेरे दिल में
ये लो छुरा, काटो अंग मेरे, न करो लिहाज़
नज़र जो डालो मुझ पर, ख़ुश-क़िस्मती मेरी

(5)

सूरत से लगते भले और सुन्दर
पर फ़ितरत से हैं वो कड़वे
जो जाये उनकी तरफ़
गुरम्बे की तरह करते उसका नाश

(6)

शुक्र है जीते जी मिल गये प्रिय से
जिनकी सोहबत में मिले ख़ुशी और क़रार
मालिक, करना न उनसे दूर
विनती करूँ उनकी तरफ़ से

(7)

नज़र लगा के चुराओ मत प्रिय
जो हटा ली नज़र तो डालो फिर मुझ पर
आदत न बिगाड़ो आँखों की
माना लाखों ऐब हैं मुझमें
पर तुम अपनी तो सोचो प्रिय

(8)

लागी को, कहे लतीफ़, कैसे दिये जायें शब्द
लिखी हुई बात क़िस्मत में रंग लायी
आँखों से नीर बहे, सुन जिया, कल साहिब मिलें

सुर कापाइति

(1)

माना माहिर कातने में तुम
चरखा न चलाइयो ख़ुद से
सराफ़ दिखायेगा कमियाँ सूत में

(2)

कातो जब तक कात सको
यह वेला बीती समझो
हर क्षण है कातने का, उसी से वो बनेगी सुन्दर
जाना ये जिन्होंने, हाथ से जाने न दी पूनी

(3)

ये घड़ी बह जायेगी, कातो इसी घड़ी
चलाओ चरखा, बनाओ अपनी ईद वास्ते कपड़ा
रोने लगोगी वर्ना सुबह सहेलियों के बीच

(4)

कातने का आलस हो रहा है
सोयी पड़ी हो, सुबह अचानक जब आयेगी ईद
बुलायेंगी सहेलियाँ तुम्हें
तरसोगी सिंगार को तब

(5)

आज कर रही हो आराम, कल भी न काता तुमने
भोली, रहम न दिखायेगा तुम्हारा दिलबर तुम पर

(6)

जो थे कातने के दिन तुमने बैठ-बैठ गँवाये
एक घड़ी न बैठी चरखे पर, नादान
कैसे उठाओगी सिर प्रीतम के आँगन में?

(7)

कातने वालियों को ऐसी कुछ लगी, कातें और काँपें भी
वो भोर होते ही आतीं, चरखे पर बैठतीं मुनाफ़े की चाह में
उनके सूत को तरसे ख़ुद ईश्वर, कहे लतीफ़
ऐसे कातने वालों की चीज़ बिकती यूँ ही
ईश्वर न नापता न तोलता

सुर पूरब

(1)

काग! प्रीतम जो परदेस बसे, लाओ उनकी ख़बर
तुम्हारे पर सोने के कर दूँ जो काम करो इतना
उनके घर के इर्द-गिर्द घूमना, काग, देना मेरा सन्देसा

(2)

काग! तुम्हें अपने हाथों से हैया दे दूँ
जाकर परदेस में खाना मेरे दिल को
बनाना जानिब को साथी ताकि पूछें
ये कौन हुई क़ुर्बान?

(3)

लाया काग आज ख़ुशख़बरी, बधाई हो बधाई
पूरी हुईं मुरादें, आये महबूब मेरे पास
पूजा हुई सार्थक

(4)

पूरब, पूरब करूँ तब जब दिलबर जाये उनकी याद से
प्रीतम के फ़िराक़ में झर-झर बहें मेरे आँसू
ज़ख़्म है अब अन्दर कि पिया न मिलेंगे न दिखेंगे

सुर कारायल

(1)

ऊपर की ओर उड़ते हुए हंस ने कहा
'रब्ब एक है'
उस धुन्ध से वो गुज़रता निकला
जहाँ होती पंछियों की कसौटी

(2)

बगुले की सोहबत छोड़ कर उड़ा आकाश की तरफ़
जिस चश्मे में प्रीतम रहता उसी तरफ़ गया हंस

(3)

समन्दर पर उसकी नज़र है
वो खड़ा तट पर गहराई देखते
हंस जानता है कि मोती बिछे
पानी की गहराई में

(4)

जाके डुबकी नहीं लगा, आगे पाताल है
यूँ किनारे पर खड़े क्यों भला, ओ हंस

(5)

कमल की जड़ें पाताल तक जाती
उसका आशिक़ भँवरा उड़ता आकाश में
उनका रिश्ता है मुहब्बत की कहानी
शाबाशी ऐसे इश्क़ को, मिलाया महबूबों को

(6)

वही है पंछी, वही पिंजरा, वही सरोवर और हंस भी
झाँका जब अपने अन्दर, पाया वही शिकारी
जिसके ख़ौफ़ से बदन काँपता

(7)

मर गये मोर, रहा न हंस एक भी
वतन हुए फिर एक बार झूठे पंछियों का ठिकाना

सुर पिरभाति

(1)

यूँ साज़ लटका देना कीली पर नहीं सुहाता गानेवालों को
तुम हो बैरी सुहानी सुबह के, अगर कीर्तन नहीं करोगे
तो कौन कहेगा तुम्हें माँगणहार?

(2)

तुम क्यों सोये हुए हो गहरी नींद में
भोर हुई, उठो और लगो रोने
कल तुम्हारा साज़ पड़ा होगा ज़मीन पर

(3)

सिरहाने साज़ रख कर तुम सोये सारी रात
जन्मजात गायक क्या ऐसे नाम कमायेंगे?

(4)

चारण वही जो सुख-चैन न जाने
कन्धे पर रख साज़ वे तो बियाबान की राह पकड़ें

(5)

माँगणहार, क्यों घूम रहे हो खोये से, बुझे-बुझे
चारण, लतीफ़ कहे, छोड़ो ये दर-ब-दर घूमना
करो उससे विनती, देगा वो बड़े इनाम

(6)

चारण है निर्बल, रस्ता है लम्बा
मेज़बान से कह दो
यहीं भेज दे मुझे कुछ
मैं न आता उस तरफ़

सुर डहर

(1)

काँटों के पेड़!
तुम शान-ओ-शौक़त के दिनों की बात बताओ
जब रईस व्यापारी गुज़रते यहाँ से
कैसे बिताते तुम रात और दिन?

(2)

काँटो के पेड़!
तुम्हारा काट क्या था जब नहरें बहतीं यहाँ?
जसोधों से महान मुसाफ़िर मिले तुम्हें फिर कभी?

(3)

सच तो ये है नदी के तट सूख गये हैं
वहाँ दिखे अब सिर्फ़ काँटे
वीरानी छायी चारों तरफ़
शूरवीर व्यापारियों ने गुमाया अपना शूर

(4)

ओ मत्स्य, जब दरिया में बहकीं तरंग तब तुम न लौटीं
क्यों आयीं तुम वापस जब पानी लगा उतरने
अब सहो तुम मल्लाहों के ज़ुल्म

(5)

मदीने के मालिक, सुन मेरी पुकार
आसरा है सिर्फ़ तुम्हारा
न कोई और सहारा याद मुझे

(6)

नाम आपका अल्लाह, मैंने माना आपको आश्रय
रहमदिल, आपकी कृपा का न कोई पार
नाम रब्ब है आपका, रूह में वही नाम बसा

(7)

साहिब तुम्हारी साहिबी बड़ी अजब
पाताल में पत्तों को डूबने देते
पत्थर पहुँचते साबुत किनारे को
जो तुम आओ मेरे पास
धन्य बनूँगी मैं, चाहे हूँ मैली-कुचैली

(८)

उठो जागो, सोयी हुई तुम
इतनी नींद नहीं लाज़िम
सुल्तानी सुहाग न होगा सोने से

(९)

जाड़ेजा राजपूत, सुनो
रहो सुजाग, यूँ बेफ़िक्रे होकर न सो जाओ
ये देखो लाखों फुलानी आये लूटने

सुर बिलावल

(1)

इन्हीं वचनों पर करो भरोसा तो देनेवाला देगा दावत
तुम बस कुल्ला करोगे तो वो निवाला डालेगा मुँह में

(2)

अलाउद्दीन ने की चढ़ाई और लाया वो बड़ी सेना
किसकी मजाल उसका सामना करे, कौन झेले उसके तीर
अबरो ने की सवारी ऊँट की और रखी लाज औरतों की
वो था बहादुर वीर जिसने आबरू बचायी सबकी

(3)

प्यास न बुझा घाट-घाट पर, ढूँढ़ अच्छा सा सरोवर
वह तुझे लाख देगा, कहे लतीफ़, पहुँच उसके दरबार
दीदार कर उसका जिसने कंगालों को बनाया रईस
करो उसकी इबादत, उठाओ सिर तो मिलेंगे लाख

(4)

वागंद फ़क़ीर की हुई वापसी, योजनाएँ सब हुईं बेकार
पीर के पास मिली रोटी, कपड़ा और मकान

(5)

फ़क़ीर लौट आया, छोड़ माँगने की आदत
लगे उसको जूते, फूटी कौड़ी न दी बीवी ने
अब वह कहे, पीर, तुमसे दूर कभी न जाऊँ

(6)

वागंद फ़क़ीर बैठा सुबह के नाश्ते की ताक में
वह न छोड़ेगा अपनी जगह, आयी उसे ख़ुशबू बसन्त की

शब्दावली

1. इटैलिक में लिखी पंक्तियाँ पवित्र क़ुरआन से ली गई हैं–पवित्र क़ुरआन : सुगम हिन्दी अनुवाद; अरबी से उर्दू, मौलाना मुहम्मद फ़ारुक़ ख़ाँ और उर्दू से हिन्दी, डॉ. मुहम्मद अहमद, मधुर सन्देश संगम, नई दिल्ली।
2. अहमद–पैग़म्बर का दूसरा नाम।
3. अली–पैग़म्बर के दामाद; हसन और हुसैन के पिता।
4. आरी जाम–पुन्हूँ के पिता; यह ख़िताब पुन्हूँ के लिए भी इस्तेमाल किया गया है।
5. भंबोर–सिन्ध का एक शहर जहाँ ससुइ एक धोबी के घर बड़ी हुई थी।
6. केच–ससुइ और पुन्हूँ की दास्तान में पुन्हूँ का प्रान्त; ससुइ का सफर भंबोर से केच की तरफ़ है।
7. आबिरि–कमज़ोर।
8. मअज़ूरी–निस्सहाय।
9. कोहियारी–पहाड़ों में रहने वाला; पुन्हूँ का दूसरा नाम।
10. चनेसर–एक राजपूत शासक; लीला के पति।
11. लीला–चनेसर की पत्नी जिसकी जगह कौनरु ले लेती है।
12. कौनरू–लीला की दासी बन कर आयी हुई राजकुमारी।
13. दियाच–सोरठ के पति; जूनागढ़ के राजा।
14. बीजल–एक चारण का नाम जिसने राय दियाच का सिर माँगा।
15. हाड़हो–लास बेला में पर्वत शृंखला।
16. हिंगलाज–बलोचिस्तान में एक तीर्थस्थान।
17. मलीर–मारु लोगों का प्रदेश। सुर मारुई में मारुई का घर।
18. उमर सुमरा–उमरकोट का शासक, जिसने मारुई का अपहरण किया।
19. डाम–सुहिणी के पति।

20. साहड़–मेहार के नाम से भी जाना जाता है; सुहिणी का प्रिय।
21. 'सर दर क़दम-ऐ-यार फ़िदा शुद चे बाजाशुद'–झोक के प्रसिद्ध सिन्धी सूफ़ी शाह इनायत शहीद की एक कविता का एक छंद।
22. खम्भात–यहाँ एक सुर होने के अलावा, खम्भात गुजरात के एक शहर का नाम भी है।
23. काक महल–एक तिलिस्मी महल जिसमें ख़ूबसूरत मूमल आशिक़ों के लिए जाल बिछाती थी।

❑❑